U0400603

中国经济
参考系列

论中国经济

林毅夫 著

挑战、底气与后劲

中信出版集团 | 北京

图书在版编目（CIP）数据

论中国经济：挑战、底气与后劲 / 林毅夫著. --
北京：中信出版社，2021.5（2023.9重印）
ISBN 978-7-5217-2759-3

Ⅰ.①论… Ⅱ.①林… Ⅲ.①中国经济—经济发展—研究 Ⅳ.①F124

中国版本图书馆CIP数据核字（2021）第015398号

论中国经济——挑战、底气与后劲

著　　者：林毅夫
出版发行：中信出版集团股份有限公司
　　　　　（北京市朝阳区东三环北路27号嘉铭中心　邮编　100020）
承　印　者：天津丰富彩艺印刷有限公司

开　　本：787mm×1092mm　1/16　印　　张：18　字　　数：225千字
版　　次：2021年4月第1版　　　　　印　　次：2023年9月第11次印刷
书　　号：ISBN 978-7-5217-2759-3
定　　价：69.00元

版权所有·侵权必究
如有印刷、装订问题，本公司负责调换。
服务热线：400-600-8099
投稿邮箱：author@citicpub.com

目 录

代 序　经济学家别辜负中国这个研究富矿　/ V

第一章　中国成就来自何处

李约瑟之谜和中国的复兴　/ 003
中国经济增长动力何来　/ 019
回望中国民企发展40年　/ 023

第二章　中国发展的启示

中国发展带来的几点启示　/ 033
发展中国家可以向崛起的中国学什么　/ 036
中国经验有助于世界消除贫困　/ 039

第三章　中国要有自己的经济理论

十九大后中国新发展理念解读　/ 051
从70年发展看经济学理论创新　/ 057
中国经济学家要有更大的格局　/ 070

第四章　如何做新结构经济学的研究

为何要研究新结构经济学　/ 077
什么是新结构经济学　/ 079
什么是新结构经济学研究　/ 093
怎么做新结构经济学的研究　/ 100

第五章　从新结构经济学的视角看增长

如何理解新结构经济学与现代经济学的结构革命　/ 119
创新、知识产权保护与经济发展　/ 134
"因势利导"与"反弹琵琶"并用，发挥成渝优势　/ 142

第六章　金融如何推动经济发展

新结构经济学与最优金融结构理论　/ 149
金融创新如何推动高质量发展　/ 156

第七章　构建新发展格局是历史必然

新发展格局是必然和共赢的战略选择　/ 187
双循环提出的深意与落实中的关键点　/ 194
中国要理直气壮地支持和引领新工业革命　/ 203

第八章 "十四五"当迈向更高处

当前形势下国内外宏观经济走势判断 / 213

新冠肺炎疫情与中美摩擦双重背景下的中国经济发展 / 216

经济结构转型与"十四五"期间各地的高质量发展 / 222

保持发展定力,实现逆势增长 / 231

激励企业实现绿色工业化 / 238

第九章 全球合作带来共赢

世界经济新动向 / 243

新形势下的全球经济治理体系 / 251

疫情下的全球经济及中国应对 / 255

中国经济与中美关系的过去、现在和未来 / 260

我对中美贸易摩擦的三点看法 / 270

代序

经济学家别辜负中国这个研究富矿[1]

实现中华民族的伟大复兴是自鸦片战争以来历代中国知识分子的共同追求。新中国成立后,尤其是改革开放40多年以来,中国经济的发展创造了人类经济史上不曾有过的奇迹。中国由传统落后的农业国变成世界第一大工业国、第二大经济体,人均GDP(国内生产总值)由不及世界最贫穷的撒哈拉沙漠以南非洲国家平均数的三分之一上升到1万美元,有望在2025年前后跨过12 700美元的门槛,中华民族伟大复兴目标的实现将是人类文明史上第一个由盛而衰再由衰而盛的旷古奇迹。新的理论来自新的现象,中国的发展奇迹不能用现有的理论来解释,是一个有待深挖的经济学理论创新金矿。

---

[1] 本文根据作者与第一届北京大学新结构经济学实验班学生进行线上交流实录整理,原载于《中国青年报》2020年7月10日004版。

世界经济学中心和经济学大师总是相伴相生

自亚当·斯密在 1776 年发表《国富论》，经济学从哲学中分离出来成为社会科学中一门独立的学科以后，到 20 世纪 30 年代，世界经济中心在英国，引领世界经济学理论思潮的大师大多出自英国；第二次世界大战结束到现在，世界经济中心在美国，引领世界经济学理论思潮的大师大多出自美国。

这种经济中心和经济学大师产生地重合的原因是，任何理论都是一个简单的因果逻辑，而且越简单越好。既然逻辑越简单越好，那么，如何决定哪个是重要的理论？提出这个理论的经济学家是大师级的经济学家？其实，重要的理论是解释重要现象的理论，提出重要理论的经济学家就是重要的经济学家。那么，什么是重要的现象？发生在重要国家的现象就是重要的现象。

在 1776 年《国富论》出版时，英国已经开始了工业革命，一直到第一次世界大战，英国是世界经济的中心，英国的经济现象就是世界上最重要的现象，解释英国现象的理论就是最重要的经济学理论。在了解英国的经济现象方面，英国的经济学家近水楼台先得月，所以，当世界经济中心在英国时，英国成为世界经济学的研究中心，引领世界经济学理论新思潮的大师也集中在英国。

第一次世界大战以后，世界经济中心逐渐转移到美国。到第二次世界大战结束时，美国的经济占全世界经济的将近一半，出现在美国的经济现象就成了最重要的经济现象。在了解美国的经济现象方面，美国的经济学家同样近水楼台先得月，所以，提出新理论来解释美国经济现象以引领理论新思潮的经济学家，不是美国人就是在美国工作的外国人。

代序
经济学家别辜负中国这个研究富矿

进入 21 世纪以后，世界的经济中心往中国转移。按照购买力平价计算，2014 年中国已经是世界上最大的经济体，而且，即使按照市场汇率计算，应该在 2030 年左右，中国也会变成世界上最大的经济体，到 2050 年中国建设成为社会主义现代化强国时，中国的经济规模很可能会是美国的两倍。中国成了世界经济的中心，中国的经济现象必然是世界上最重要的经济现象，解释这些现象的经济学家就会变成引领世界经济学理论新思潮的经济学大师。

"西天取经"解释不了中国的新经济现象

时代和机遇就在那里，如何才能够抓住这个时代的机遇？新理论来自新的现象，我们要抓住这个时代的机遇，就必须有能力直接观察现象，了解现象背后的因果逻辑，提出简单的逻辑体系来解释现象。这样做学问的方式和大家长期以来所受的教育是不一样的。

发展中国家的学生，尤其是中国的学生，在经济学方面普遍接受的是"西天取经"式的教育，习惯于学习发达国家所谓的"先进"的理论，并以这样的理论来解释自己国家的现象，解决自己国家的问题。但是，如果想抓住中国作为世界经济中心所给予的理论创新的机会，则不能"依样画葫芦"，用现有的主流理论来解释出现在中国的新现象。

上述做学问范式的转变很不容易，而且会有很多诱惑让人不去做这种转变。

随着中国改革开放以后，经济规模越来越大，中国的经济对世界的影响越来越大，现在国际主流经济学期刊上也经常刊登有关中国经济的论文。到目前为止，这些论文绝大多数是用中国的数据来检验国际上已经被接受的主流理论，或是用已有的主流理论来解释中国在发展和转型中出现的问题。这样的研究，外国杂志的评稿人容易看懂，因此论文容易被接受和发表，但是这样的论文只是在印证现有的理论，并没有创新之处，不可能推进经济学理论的发展，发表这样论文的经济学家也就不可能成为引领理论新思潮的大师。

反过来说，如果根据中国的现象提出新理论，这样的理论和国际现有的主流理论处于竞争的地位，一般已经接受了现有理论的学者不容易接受新的理论，尤其由于发展阶段、生活环境、文化、历史背景的差异，他们对中国的现象很难理解，就更难接受那些处于竞争性的、自己不能完全理解的理论，遑论认识到这种新理论的重要性。

所以，即使大家克服困难完成了学问范式的转变，做出有原创性的理论来，在发表上也会遭遇筚路蓝缕的艰辛。在"publish or perish"（要么出版，要么出局）的压力下，有不少中国经济学家可能会受不了诱惑而选择用中国的数据来检验现有的理论，或是用现有的理论来解释中国的现象这条顺风顺水的道路，从而放弃了总结中国的现象来进行理论创新的机会。

用中国道路去引领世界经济学理论的新思潮

怎样才能够克服这种诱惑？必须了解为什么学习、研究经济学，初心是什么。作为一名中国知识分子，学习理论、研究理论是为了"认识世界、改造世界"，是为了把我们的国家和社会改造好。

任何经济现象都可以用许多不同的理论来解释，实践是检验真理的最终标准，只有能够帮助人们改造好世界的理论，才是真正帮助人们认识世界的理论。用"西天取经"得到的现代主流经济学理论，似乎可以

代序
经济学家别辜负中国这个研究富矿

将发展中国家包括中国的现象和问题分析得头头是道,但是,对现代史有所了解的人会发现,事实上还没有一个发展中国家是按照发达国家的理论去制定政策而获得成功的。少数几个成功的经济体,像日本、亚洲四小龙以及改革开放以后的中国,它们的政策在推行时,从主流理论来看一般是错误的。

为什么发展中国家根据主流理论来制定政策不成功,成功的政策从主流理论来看是错误的?主要的原因就是前面谈到的,从亚当·斯密以来,世界经济学的研究中心首先在英国,后来转移到美国,来自这些世界经济学研究中心的主流理论都是研究当时英国与二战以后的美国的经济现象,从那些现象中总结出一个具有简单的因果逻辑并且可以解释那些现象的理论。但是,任何国家的社会、经济、政治、文化变量是成千上万的,有它的发展阶段、产业结构、政治制度、价值取向、意识形态等属于经济基础和上层建筑的变量,在这些变量中仅有几个被保留在理论模型中,其他的就被"舍象"[1]而不论,成了这个理论的暗含前提。所以,任何理论都"内嵌"于产生这个理论的国家社会、经济、文化、政治结构当中。

拿这样的"内嵌"理论到发展中国家来运用,由于发展中国家的发展阶段、产业结构、政治文化、社会价值与发达国家不同,理论的暗含前提不存在,也就难逃"淮南为橘,淮北为枳"的命运。这些来自发达国家的理论不仅不适用,反而像新自由主义在苏联、东欧、拉丁美洲带来的结果那样,经常使问题更加恶化。

所以,我们必须不忘初心,牢记使命,作为一名当代中国的知识

---

[1] 舍象是指将研究对象中其余未被抽取的无穷多的属性放在理论模型之外而暂时不予理睬。

分子，学习、研究经济学理论不仅是为了自己的一份工作，还是为了推动自己国家的现代化，实现民族的复兴。这正是新结构经济学理论创新的宗旨。

新结构经济学是总结中国与其他发展中国家经济发展、转型的成败经验而提出的一套新的理论体系，这套理论和传统的主流理论体系最大的差异在哪里？传统的理论是以发达国家的发展阶段和发达国家的经济、社会、政治等结构为暗含前提，新结构经济学认为不同发展程度国家的结构是不一样的，不仅不一样，这种结构的差异还是有原因的，用经济学家的术语来说，就是内生的。

新结构经济学以发展经济学和转型经济学作为切入点，但把不同发展程度国家的结构差异性和内生性引进理论框架以后，实际上是把以发达国家的结构作为暗含前提的"二维"经济学发展成为不同发展程度的国家有不同结构的"三维"经济学，是在推动一场现代经济学的结构革命。现在的任何主流理论，包括货币理论、财政理论、金融理论、产业组织理论、区域理论、劳动力市场理论、人力资本理论、创新理论等现代主流经济学理论都需要重新思考，都有理论创新的机会。

习近平在 2016 年 5 月 17 日的哲学社会科学工作会议上指出："这是一个需要理论而且一定能够产生理论的时代，这是一个需要思想而且一定能够产生思想的时代。我们不能辜负了这个时代。"[1] 北京大学经济学院和新结构经济学研究院携手创立"新结构经济学实验班"，旨在培养能够掌握新结构经济学的理论体系，能够抓住时代机遇，引领我国经济学理

---

1 新华网，2016 年 5 月 18 日，http://www.xinhuanet.com/politics/2016-05/18/c_1118891128.htm。

论的自主创新，引领世界经济学理论新思潮的优秀人才。新结构经济学现在还处于"星星之火"的阶段，我们当携手推动新结构经济学理论创新的深化和运用的推广，使新结构经济学开启的现代经济学的结构革命成为"燎原之火"。让我们一起迎接这个时代，为把这个可能变成现实而努力。

第一章

中国成就来自何处

李约瑟之谜和中国的复兴[1]

李约瑟是我敬佩的学者,"李约瑟之谜:为何在前现代社会,中国科学、技术、经济发展的成就领先于世界,在现代社会却如此落后"由他提出,也是他一生的研究重点。他提出这个谜题的主要目的是想探讨中国是否有复兴的可能。这个谜题自我年轻时就一直萦绕于我的内心,我将从 2009 年在世界银行担任首席经济学家时开始倡导的发展经济学的第三版——新结构经济学的理论框架和视角来分析和解答这一个谜题。

根据李约瑟翔实的文献研究,中国在近现代之前是世界上最先进的国家之一。但是在 18 世纪下半叶英国爆发工业革命之后,中国迅速落后于西方国家。

经济基础是衡量国家实力的重要指标。根据经济史学家麦迪森的研

---

[1] 本文根据作者 2017 年 10 月 27 日在英国剑桥李约瑟研究院第二届李约瑟年度纪念讲座上的演讲整理,王飘怡初译,首发于财新网。

究，在19世纪20年代，中国的经济总量仍然占当时世界经济总量的三分之一，但是，在那之后急遽下降。在1949年成立了社会主义国家时，中国经济总量占世界的比重只剩4.2%。到1978年，当中国开始从计划经济向市场经济转型时，其经济规模只回升到4.9%。

据马克斯·韦伯的研究，在13—14世纪时中国已处在工业革命爆发的边缘。有些学者研究发现，宋朝的科技和纺织业发展水平与英国在18世纪爆发工业革命前夕的水平不相上下。但是，中国并没有发生工业革命，并在近代竞争中兵败如山倒。对此，李约瑟提出了一个极具挑战的问题：为什么中国在近现代之前能大幅领先其他文明，却无法在近现代维持它的领先地位？这个问题的答案关系到我们对中国未来发展前景的判断。

这个问题是李约瑟在20世纪50年代首先提出来的，那时他不能预想到在70年代末以后的40年，中国会焕发出一派全新的气象。自1978年向市场经济转型之后，中国已经成为世界上经济发展最为迅速的国家。到2016年为止，按购买力平价计算，中国的经济规模从占世界GDP的4.9%恢复到18.6%。以这么高的速度持续这么长时间的增长，是人类经济史上不曾有过的奇迹。中国共产党第十九次全国代表大会上，习近平总书记说，我们比历史上任何时期都更接近实现中华民族伟大复兴的目标。

在这里，我想分析以下几个问题。第一，为什么工业革命没有起源于中国？这是中国在与西方竞争中败北的起点。第二，为什么中国在1978年之后能如此蓬勃地发展？第三，为何中国在1978年之前不能有同等程度的经济表现？第四，在这段时间，其他社会主义和非社会主义国家也都尝试从政府主导的计划经济向市场经济转型，它们的经济却出现了崩溃、停滞、危机不断，中国则保持了稳定和强劲的增长。为什么同样从计划经济向市场经济转型，不同国家的经济表现会有如此大的差异？第五，就像每枚硬币都有两面，每件事情也都有两面性。中国为快速的经济增长付出的代价是什么？第六，中国在未来是否还有可能维持快速增长，实现中国知识分子和李约瑟共同关心的中国的复兴？最后这个问题对世界经济也至关重要，在 2008 年世界经济危机之后，中国每年对世界经济增长的贡献率达到三分之一。目前世界经济尚未从 2008 年的危机中完全恢复，如果中国经济能保持有力的增长，这对世界来说是件好事。如果中国经济增长放慢，世界经济将会失去增长的动力引擎，这将不仅仅对中国，对全世界来说，也都是个挑战。

为什么工业革命没有发生在中国

我们先要了解"工业革命"的含义。对很多人来说，工业革命意味着蒸汽机的应用、纺织工业的机械化与钢铁使用的普遍化。但是，我认为这不是一个好的定义。因为如果一个经济体只有这三样创新，它只会经历一次大幅度的生产率提高，却不会有持续的经济发展。

我们知道，在 18 世纪之前，西方国家平均每年国民收入的增长率仅为 0.05%。这意味着要用 1 400 年，才能使人均收入翻倍。当然，世界其他地区情况相似，18 世纪之后，国民年收入增长率提高了近 20 倍，从 0.05% 提高到 1%，人均国民收入增长一倍所花费的时间也从 1 400 年减少到 70 年。在西方，从 19 世纪中叶至今，国民平均收入增长率再度翻倍至 2%。收入翻倍的时间也从 70 年减少至 35 年。这种加速的经济增长并不是因为那三样新技术的运用，而是因为科学技术日新月异，带来的经济增长一日千里。为什么突然之间，科技创新率提高，产业升级速度加快？我认为，技术创新的速度和产业升级速度的提高才是工业革命的本质和更重要的内涵。

为什么西方的经济增长突然加速了？我认为是技术创新范式的改变。工业革命之前，所有社会或文明中的技术创新来自农民或手工艺者的经验。自18世纪中叶，工业革命之后，技术创新主要来自实验室里的研究和实验。19世纪之后，技术创新来自实验，更来自科学理论指导下的实验。这种范式的转变对中国及世界产生了根本性的影响。

18世纪以前，技术创新以经验为基础，中国具有优势。中国肥沃的土地和适宜的气候都对农业生产十分有利，因此，中国能供养庞大的人口。庞大的人口也意味着比起其他国家，中国有更多的农民和手工艺者来积累经验，促进中国社会的技术创新和经济发展。不仅仅是中国，古埃及和古印度等古文明国家都出现在大河流域土壤肥沃的地区。我想这是中国在过去能如此先进的原因。但是，当技术创新普遍采用实验的方法得到后，庞大人口失去其优势。因为在实验室里，一个科学家能在一年中做成百上千次试验，而这原本可能需要农民或手工艺者穷其一生去完成。

但是，技术创新革命是另一场革命的结果：15—16世纪的科学革命。科学革命使人能通过实验获得知识。当通过实验来发明新技术时，过一段时间很有可能会遇到瓶颈。科学革命的一项贡献是可以通过科学研究来获取更多关于自然界的知识，帮助人们克服在技术创新上的瓶颈，使新技术的发明可以再度源源不断地涌现。这种以科学为基础，进行技术创新实验的新方式正是科学革命的结果。所以，如果想回答为什么工业革命没有起源于中国这个问题，首先应该解答为什么科学革命没有发生于中国。

科学革命的精髓是通过运用数学模型来归纳宇宙与自然运行的规

第一章
中国成就来自何处

律,并且运用可控实验来验证数学模型中产生的假说。为什么中国没有发现这种理解世界运行的新方式?发生科学革命首先必须有对自然现象充满好奇心和很有悟性的人。对自然现象充满好奇心与悟性是一种与生俱来的能力,在人口众多的中国,应该会有更多具有这种天赋的人。那为什么这些天之骄子没有找到这种更好的研究自然现象的新方式?

我的解释指向了中国的社会政治制度。中国有其独特的科举制度让平民百姓可以通过科举晋升为统治阶级。在传统社会中,成为官员是光宗耀祖且收益最高的工作。所以,考取功名、成为官员对大众来说极具吸引力。宋朝以后,科举制度要求考生熟记儒家的四书五经,这就导致有才华的年轻人都投身于儒家经典的学习以准备科举考试。他们没有学习数学和可控实验的动力。因此,中国缺乏拥有这两样人力资本同时又充满好奇心的人才,科学革命也就未能应运而生。

与中国相比,西方不实行科举制度,不存在抑制杰出人才学习数学和可控实验的社会原因。对自然现象好奇的天才通过数学和可控实验来满足自己对自然现象的好奇心,从而催生了科学革命。没有本土的科学革命,就不会有本土的工业革命。

当科举成为国家选取人才的制度时,数学也是其中的一项考试内容。但是,皇帝随后发现,数学好的人没有用处,对皇帝的忠诚才更重要。儒家思想更有助于培养忠君爱国的人才。根据儒家哲学,要想成为一名君子,就应该仁民爱物并尽忠于皇帝。即使天高皇帝远,也要严于律己并对天子尽忠。所以即使近现代之前的信息和控制技术落后,儒家教诲与科举制度仍能帮助中国维持大一统和政治稳定。

以儒家思想为主要内容的科举制度可以说是一种制度创新。在信息控制技术落后的过去,这是件好事。但是,这种制度安排并不鼓励人们学习数学和可控实验，后者恰巧是科学革命的关键。在西方国家产生了科学革命和工业革命之后，中国迅速从最先进的国家跌至低谷。有关中西经济社会的比较，我最喜欢的一句引语来自奇坡拉（Cipolla）先生的《工业革命前的欧洲社会与经济（1000—1700）》(Before the Industrial Revolution: European Society and Economy 1000—1700)。书的最后一句话讲道：在公元 1000 年到 1700 年，西方世界基本是农业社会且处于黑暗时代。与同时期的中国相比，西方更为贫穷与落后。但是，在 18 世纪之后，一切都被逆转。随着西方国家在经济、军事、政治力量上的迅速崛起，中国就像世界上其他发展中国家一样，被英国及其他西方势力打败，并成为半殖民地半封建社会。这就是中国没有发生工业革命带来的后果。

为什么中国在 1978 年之后蓬勃发展

如何复兴中国？这是近代中国知识精英孜孜以求的一个问题。自鸦片战争之后，中国知识分子尝试各种方法包括洋务运动引进技术来增强军事实力，通过革命推翻帝制，开启民主科学的新文化运动和社会主义建国。但是，直到 1978 年改革开放之前，中国还是一个贫穷落后的国家。为什么从 1978 年起，中国能如此迅速地发展？在改革开放后的连续 38 年间，中国保持 9.6% 的年均 GDP 增长率，贸易增长率更是达到 14.8%。这么高的速度、这么长持续时间的增长，堪称人类经济史上未曾有过的奇迹。

由于高速的增长，2009 年，中国超过日本，成为世界第二大经济体。2010 年，中国超过德国，成为世界最大的出口国家，获得了"世界工厂"的称号。在工业革命之后,英国成为世界工厂。随后轮到美国、德国和日本,现在中国获得了这个称号。2013年,中国超越美国,成为世界第一大贸易国。2014年,以购买力平价为衡量标准,中国成为世界第一大经济体。为什么过去的40年间发生了天翻地覆的变化?如果李约瑟现在重新思考中国未来前景的相关问题,可能会有新的"李约瑟之谜"。

为何1978年之后中国能快速发展?我的答案非常简单。中国在1978年之后如此迅速的发展得益于后来者优势。经济发展意味着人均GDP与人均收入的持续增长,人均收入的持续增长有赖于劳动生产率的持续提高。如何做到这一点?从新结构经济学的视角来说,需要现有产业内不断的技术创新,以及新的更高附加值的产业不断涌现,将劳动力和各种资源从附加值低的产业重新配置到附加值高的产业。只有在工业革命之后,快速的技术创新和产业升级才成为可能。

至于先进的高收入国家,自从工业革命之后,它们的技术与产业已经位于世界前沿。技术创新对发达国家来说意味着什么?意味着技术发明。产业升级意味着什么?同样也是发明新产业。发明需要大量的资本投入,并面临极大风险。实证经验表明,19世纪中叶之后,包括英国、西欧国家、北美国家在内的高收入国家的年平均GDP增长率约为3%。

对想要提高收入的发展中国家来说,也需要提升劳动生产率。发展中国家既可以发明新产业、新技术,也可以从高收入国家借鉴比自己现在用的技术好的成熟技术,进入比自己现在的产业附加值高的成熟产业。这种技术和产业借鉴大大降低了技术创新和产业升级的成本与风险。如果发展中国家能充分利用这些优势,它们会比发达国家发展得更快。

第二次世界大战之后，全球共有 13 个经济体懂得利用与发达国家的技术与产业差距给予的后来者优势，实现了年均增速 7% 或更高、持续 25 年或更长时间的经济增长。中国在 1978 年之后，成为这 13 个经济体中的一员。所以，基于对工业革命的理解，第二个问题的答案非常简单。发展中国家与高收入国家之间的收入差距意味着技术和产业的差距。如果一个发展中经济体能够充分利用这个差距给予的在技术创新和产业升级上的后来者优势，就能迅速发展。

为何中国在 1978 年之前发展缓慢

在 1978 年之前，后来者优势已经存在百年之久。英国工业革命之后，这种差距就一直存在并逐渐增大。在 18 世纪初，中国的 GDP 仍占世界 GDP 总量的三分之一。而到 1949 年，这个比例跌至 4.2%，意味着中国与发达国家的差距增大，到 1978 年时也只有 4.9%。后来者优势应该一直存在，但为什么中国在 1978 年之前没能从中获利？我的答案也很简单，那是因为中国主动放弃了这种优势。

自从中国在鸦片战争中战败，中华民族的伟大复兴已经成为中国的主旋律。1949 年，随着中华人民共和国的成立，中国取得政治独立。当时的民族抱负是尽快追赶发达国家。中国政府当时的策略是"超英赶美"。这种发展导向意味着中国想要立即建设英国、美国当时拥有的那种先进的资本密集型大产业。但是，这些先进的产业都有专利保护，想要引进必须得付出高额的专利费。实际上，因为那些产业与国防安全有关，即使想支付专利费，发达国家也不会给。所以中国想要发展这样的产业，就必须自己发明，因而放弃了后来者优势。当时的中国是一个贫穷的、资本极端短缺的农业国家，在资本密集型产业上没有比较优势。资本密集型产业最重要的成本是资本，在资本短缺的中国，投资成本会比资本丰富的发达国家高出很多，这些产业内的企业在开放竞争的市场中缺乏自生能力，因此在发展中国家无法靠市场的力量自发发展起来，政府需要直接动员资源、配置资源，并且靠对市场的干预和扭曲给予各种保护补贴才能把这样的产业建立起来。然而，政府对市场的干预扭曲必然导致各种资源的错误配置，所以，即使这种发展方式让中国能够在20世纪60年代试爆原子弹、70年代发射人造卫星，中国整体的发展效率依然很低。1949年到1978年，中国经济占世界总量的百分比仅仅从4.2%增长到4.9%。

1978年，中国改变了发展策略，开始发展符合比较优势的劳动密集型产业，并在政府的因势利导下形成了竞争优势，占领了国内国际市场，积累了资本，比较优势发生变化，在产业和技术升级中利用了后来者优势，因此，经济才迅速发展起来。

为何其他转型中国家出现经济崩溃、停滞、危机不断

但是，这个分析又引出了另一个难题。在第二次世界大战之后，所有社会主义阵营的国家，都遵循了斯大林主义资本密集型发展模式。非社会主义阵营，比如拉美、南亚和非洲国家也都在它们的第一代政治领导人的带领下，摆脱殖民地、半殖民地地位，也都有着将本国塑造为现代化、工业化高收入国家的梦想。所以，20世纪五六十年代，不论什么社会性质的国家，都采用政府直接动员资源、配置资源的方式，在农业经济的基础上发展大规模的资本密集型产业。它们同样没能利用后来者

优势，也因为低效的政府干预，与发达国家的差距不断拉大。

在八九十年代，中国开始从计划经济向市场经济转型时，其他发展中国家也都在向市场经济转型。但是，它们的转型在很大程度上受到当时盛行的英国撒切尔主义、美国里根主义和新自由主义的影响。那时的主流观点认为，发展中国家经济表现差的原因是政府过度干预经济。它们没有高收入国家所具备的完善的市场经济体制和受保护的产权。所以，为建设完备的市场经济体制，提升经济表现，当时提出的建议是采取激进的"休克疗法"，同时推行私有化、自由化、市场化、财政稳定化来取消政府对市场的各种干预扭曲，以建立完善的市场经济体系。很多国家遵循这种转型策略，但造成的结果却是经济发展的崩溃、停滞和频繁的危机。

发展中国家在八九十年代的经济表现比六七十年代更为糟糕，经济的年平均增长率更低，危机的发生频率也变得更高。所以，一些经济学家将20世纪八九十年代称为发展中国家"迷失的二十年"。为什么会造成这种结果？因为新自由主义没有认识到政府对市场的干预扭曲是为了保护资本密集型产业内在开放竞争的市场中没有自生能力的企业。如果把所有的保护补贴取消，这些企业无法存活，只能破产。如果政府听任企业破产，就会导致大规模失业和不稳定的社会与政治局面。在这种情况下，怎么能发展经济？而且，有些资本密集型的先进产业与军事和国防息息相关，即使在企业私有化以后，为了国防安全，例如当今的俄罗斯，政府也不会允许此类企业破产。所以，私有化之后，政府会继续保护补贴这些企业。当这些企业归国家所有时，企业管理人是政府雇员，他们会对政府说："没有保护补贴，我们活不了。"有了政府的保护补贴之后，如果把钱放到自己的口袋里，那就成了贪污犯罪，顶多只能小打小闹偷偷偷摸摸做。在企业私有化之后，他们会更有动机向政府要保护补贴，他们从政府那里拿的补贴越多，把钱放进自己的口袋就越成了合法的、天经地义的事。为了获得补贴，他们会游说政府官员："你们给我的补贴，并不是你们自己的钱，这是国家的钱，为何不多给我一些，我们二一添作五，我在瑞士给你设个账户，把钱分给你？"这就是发生在俄罗斯和很多东欧国家的情况，寻租腐败的现象比转型前严重，生产效率比转型前低。新自由主义的出发点是好的，但带来的结果却是经济的崩溃、停滞、危机不断。

那么，中国是如何在转型期维持了稳定并取得了快速增长？中国采用了不同的转型策略：双轨制渐进式转型。中国采取老人老办法、新人新办法，给传统的资本密集型重点工业中缺乏自生能力的企业提供转型期保护补贴，并放开符合比较优势的劳动密集型产业的准入。起初，中国的基础建设十分落后，符合比较优势的劳动密集型产业要在国际市场中取得竞争优势，具有完善的基础设施十分重要。可是，要同时在全国把基础设施建设好是不可能的。所以，中国设立经济特区、工业园区，在这些区域内把基础设施建设好。一开始，中国存在大量的扭曲，营商环境十分糟糕，政府就在经济特区、工业园区里推行一站式服务。如果看世界银行的营商指标，中国营商环境在世界上的排名靠后，但是，对在经济特区和工业园区内投资、经营的企业而言，中国的营商环境则在世界排名中位于前列。在这种渐进的双轨制改革下，中国维持了稳定，并有效利用了后来者优势，取得了强劲的经济发展。这就是不同的转型策略带来的不同转型表现。

现在我想说的是，在20世纪八九十年代，国际上的主流观点认为一个国家如果想从计划经济向市场经济转型，就必须采用"休克疗法"，并且认为双轨制是最糟糕的转型方式。事后看来，原来被认为最好的方式成为最差的方式，最差的方式却成为最佳的方式。

中国为经济快速增长付出的代价

中国实行双轨制渐进式转型的代价就是贪污腐败与收入不平等。由于传统的资本密集型企业需要政府保护补贴，这种保护补贴产生了经济租金，导致了寻租腐败，也导致穷人补贴富人。举个例子，传统部门为资本密集型产业，对它们来说，资本成本最为重要。转型之初，中国是资本匮乏的经济体，政府如何补贴这些产业？其中一种资助的方式是利用大型银行和股市将廉价资金配置给资本密集型企业。在20世纪八九十年代，这些企业不仅能够得到大量资本，也能享受被政府人为调低的利率和股市融资成本。一开始，所有企业均为国有，而在双轨制下，很多私营企业在新的部门下快速发展。到如今，很多企业的规模已经很大。而规模大了以后，企业就能从银行获得贷款，也能从股票市场融资。这些大企业为富人所有，得到的资金来自普通农户、家庭和中小型企业的储蓄，而这些资金拥有者无法从大银行或股票市场获得融资。他们将储蓄投入金融体系，得到的银行利息和股市的回报被人为压低，以补贴拥有大企业的富人。让穷人去补贴富人，这当然会加剧收入不平等。与此同时，为了获得这些贷款和上市，这些大企业就会去贿赂有权决定谁能贷款或上市的政府官员，这成为腐败广泛存在的原因。这只是其中一个例子，其他还有资源税费的扭曲，电信、电力、金融部门的垄断和由垄断产生的垄断利润以及由此产生的寻租等。

如何解决这些问题？在20世纪八九十年代，资本密集型产业违反比较优势，企业缺乏自生能力，对其进行保护补贴属于雪中送炭，对维持经济稳定至关重要，属于实事求是的做法。但是，在维持了将近40年9.6%的年均GDP增长率之后，中国已从低收入国家发展成为中等偏高收入的国家。2016年，中国的人均GDP为8 100美元，资本在中国已经从相对短缺变为相对丰富，原来的大型资本密集型产业已经成为中国的比较优势，企业在开放竞争的市场中具备自生能力。这些企业只要管理得当，就应该能获得市场上可以接受的利润率。保护补助的性质就从"雪中送炭"变为"锦上添花"。过去，政府的保护补贴必不可少，而如今这成为一种特权。当然，对企业来说，它们希望得到这种特权。但是，对社会来说，这意味着需要为它们付出政治和社会代价。改革应该与时俱进，需要把双轨制遗留下来的为了保护补贴资本密集型企业而采取的各种对市场的干预扭曲措施取消掉。2013年的十八届三中全会决定全面深化改革，让市场在资源配置中起决定性作用。这个决定意味着，中国到了取消所有扭曲的时候。只要中国能做到这点，就能以釜底抽薪的方式铲除贪污腐败和收入不平等的根源，并最终建立起运作良好的市场经济体制。

中国是否还有快速增长的潜力

中国是否还有快速增长的潜力？根据前述分析，这取决于中国与高收入国家之间的技术差距有多大。如何衡量技术差距？我认为最好的方法是观察人均GDP的差距。因为人均GDP代表了一个国家的平均劳动生产率，它反映了技术的平均水平。据安格斯·麦迪森发表的到2008年为止的历史统计数据，以购买力平价为衡量标准，2008年中国的人均GDP是美国的21%。这与1951年的日本、1967年的新加坡、1975年的中国台湾、1977年的韩国相同。这四个东亚经济体都属于前面提到的二战以后13个实现了长达25年或更长、年均7%或更高增长率的经济体。这四个东亚经济体在人均GDP为美国的21%的基础上，利用后来者优势取得了持续20年8%~9%的年均增长率，那就意味着从后来者优势的视角看，中国从2008年开始有20年年均增长8%的潜力。

从现在起，到2028年，中国仍有多年年均8%的增长潜力。但是，潜力仅仅是一种可能性。为了将这种可能变为现实，中国需要在内深化改革，把双轨制遗留下来的各种扭曲消除掉，也需要看全球经济的外部环境，后者并非中国自己能掌控。2008年美国的次贷危机爆发之后，全球经济发展缓慢，并有可能长期增长低迷。但是，只要中国继续解放思想、实事求是，利用国内的有利条件，致力于供给侧结构性改革，我有信心，中国会在今后的10年内保持至少6%的增长率。6%的增长率意味着什么？2016年，按购买力平价计算，中国的经济规模占世界经济的18.6%，按市场汇率计算也占有14.9%。6%的增长率意味着中国每年都会向世界经济贡献约1%的增长率。现在世界经济的增长率约为3%，中国每年会贡献世界经济增长率的30%左右。在接下来的10年内，中国依旧会是世界经济增长的引擎。

综上所述，在18世纪之前，在一个技术创新主要来自农民和手工业者经验积累的社会里，拥有庞大人口的中国享有优势。而当技术进步的范式从经验积累转变为以科学为基础的实验之后，中国开始迅速落后。尽管科举制度和儒家思想有助于中国维持社会和政治的稳定与大一统，却阻碍了中国技术创新范式的转变，因此，中国无法自发产生一场工业革命。在经历由此产生的挫败之后，中国比西方国家落后，意味着中国在经济追赶上存在后来者优势。然而，在1978年实行改革开放前，中国

第一章
中国成就来自何处

与绝大多数其他发展中国家一样没有找到利用后来者优势以加速经济发展的方式。只有在 1978 年之后，中国才走上正确的轨道。但是，传统的资本密集型重工业内存在大量缺乏自生能力的企业，中国也仅能以解放思想、实事求是的方式推动双轨制来进行从计划经济向市场经济的转型，这种务实的方式不仅使中国维持了经济社会稳定，也带来了强劲的经济发展。如果中国能继续保持这种开放、务实的做法，我认为中国能在未来继续保持较为快速的经济发展，追赶上发达国家，实现中华民族伟大复兴的梦想。

我们也能从中国的发展中总结出一些对其他发展中国家有用的经验教训。所有发展中国家都有成为高收入国家的抱负。我就职于世界银行时，走访世界各国，发现发展中国家的领导人普遍有着与中国领导人一样的抱负，他们也试图推动自己国家的现代化、工业化，但却用错了方法。他们总是将高收入国家作为参照系，并步步照搬高收入国家的理论、思路和做法，尽管付出了很多努力，结果却不尽如人意。所以，我提倡新结构经济学，主张发展中国家应该基于自己现在有什么，也就是在每一个时点给定的要素禀赋，根据自己现在能做好什么，也就是比较优势，然后在政府积极有为的因势利导下，帮助企业在市场经济中把能做好的做大做强。低收入国家拥有大量的劳动力和自然资源，但缺乏资本，它们应发展与自身比较优势相适应的产业。这些国家应该在政府的因势利导下，将产业的潜在比较优势转变为国家的竞争优势。在进行经济转型以消除过去不当政策造成的各种扭曲时，政府也要通过务实的方式维持政治和社会的稳定。如果发展中国家能做到这几点，它们就能有效利用后来者优势，维持数十年年均 8% 甚至 10% 的高速经济增长，从低收入国家发展成中等收入甚至高收入国家。发展中国家这样的高速增长对高收入国家也有利。不仅能够给发达国家创造巨大的国外市场,而且,发展中国家的人能够在本国找到工作,就不会像当今的欧洲、美洲一样,存在大量来自非洲和其他低收入国家的非法移民,也有利于发达国家的发展和社会稳定。

中国经济增长
动力何来[1]

"中国经济动力何来"这个题目被提出是因为自1978年的改革开放以来,中国经济取得持续高速增长。40年前,中国是全球第三贫穷的国家。根据世界银行的数据,1978年,中国人均GDP只有156美元,比撒哈拉沙漠以南非洲国家平均数的三分之一还低。但是从1978年开始,中国发生了翻天覆地的变化。

1978年到2017年间,中国GDP年均增长率达到9.5%。一个人口庞大的贫穷国家以如此高的速度,取得持续这么长时间的经济增长,这在人类历史上不曾有过。凭借这样的增长速度,2017年中国的人均GDP超过8 800美元。这40年间,超过7亿人口脱离了贫困。

展望未来,到2025年,中国人均GDP很可能达到12 700美元,成

---

[1] 本文根据作者2018年1月25日在由腾讯新闻、北京大学在达沃斯联合举办的"增长的责任·中国助力世界的未来"午餐会上的主题演讲整理。

为二战以来，继中国台湾和韩国之后，第三个由低收入转型成为高收入的经济体。

究竟是什么驱动了过去40年中国经济的迅猛发展？

作为一个经济学家，我对此有如下解释：中国人民为自身生活的改善而进行的不懈努力，企业家为赢利、展现企业家精神抓住各种获利的机遇，以及中国各级政府官员"为官一任，造福一方"，在其任期内为繁荣做出的努力，无疑都是动力。不过，这些动力在1978年之前也有，并且在其他国家也同样存在。

在世界银行首席经济学家任上，我去过非洲、拉丁美洲、中亚、南亚等许多国家。那里的人民也有着同样的意愿和渴望，企业家和社会精英也有着同样的聪明才智和追求，那里的政府也同样想促进国家的繁荣。所以，我觉得真正有意义的问题，不是中国经济发展的动力何在，而是什么造就了中国40年间的迅猛发展。

要回答这个问题，我觉得有必要介绍一下我正在倡导的经济发展理论，那就是新结构经济学。在我看来，经济发展无疑意味着收入的持续增长。为了实现这一点，则需要持续的结构变迁，包括提高劳动生产率水平的技术和产业不断创新和升级，以及降低交易费用的软硬基础设施不断完善。只有这样，工人和农民的生产力和收入水平才会不断提高，生活才能不断改善。

这个结构性变迁需要企业家在市场竞争中发现新的获利增长点，并冒风险来创新新技术、发展新产业。同时，政府的作用也十分必要。政府要给予先行的企业家必要的激励，并完善新产业所需的软硬基础设施以降低交易费用，使新产业得以变为市场中的竞争优势。

所以在我看来，经济增长是有效市场和有为政府有机结合，发挥各

第一章
中国成就来自何处

自应有作用的结果。这个公式不仅对中国这样的发展中国家适用，对高收入国家也适用，比如美国和欧洲国家。有一点不同的是，高收入国家的技术和产业已经在世界的最前沿，开发新技术，创造新产业，需要自己发明，投入很大，风险也很大。对发展中国家来说，技术和产业水平低，技术创新和产业升级可以借鉴先行的发达国家已经成熟的技术和产业，成本和风险较低，从而有可能比发达国家更加快速地发展。二战以后，世界上有13个经济体找到利用这个潜能的秘密，取得年均增速7%以上、持续25年甚至更长时间的经济发展。1978年以后的中国就是其中之一。

所以，中国过去40年改革开放的成就源于多方面的因素，后来者优势是其中十分重要的一个因素。

现在中国已经是一个中等偏上收入的国家，未来经济发展的新动力在哪里呢？中国有不少产业已经站在世界前沿。这类产业和发达国家的产业一样，发展所需的新技术、新产品来自自主研究和开发。不过，中国2017年的人均GDP超过8 800美元，而美国则是约6万美元，代表在许多领域中国的产业和技术与美国等发达国家还有很大的差距，在未来不仅要以自主创新作为发展的驱动力，同时也还可以通过借鉴学习，以及在科技方面的追随来推动经济发展。

因此，中国是有潜力比发达国家发展快，迈过中等收入，进入高收入国家行列的。这个潜力有多大？我在前一篇文章中分析过，利用国内有利的增长条件，从现在到2030年，中国很有可能取得6%甚至更高的增长率，届时中国就是按市场汇率计算也将会是世界最大的经济体，每年中国对世界经济增长的贡献将达30%，甚至更多。

当中国成为高收入国家，又是世界最大的经济体时，对世界也将负有更大的责任，中国在发展自身时，也需要助力其他国家的发展。

作为一个经济学家，我认为经济增长的动力，每个国家其实大同小异。人们都想过上更好的生活，企业家都想实现其才能，创造更多财富，政府也都想为其国家带来繁荣。然而，大多数国家都没能摆脱中等收入甚至低收入陷阱。我想这是问题的核心所在。1978年以前，中国有着同样的动力，当时的状况却不尽如人意，到1978年，中国仍是世界第三贫困的国家。

根据新结构经济学的分析，要把普通人、企业家、政府的动力用好，以实现经济繁荣，需要市场竞争，为企业家精神的发挥提供土壤，也需要政府的努力，不断根据经济发展的需要改善硬的基础设施和软的制度环境，让企业发展壮大。过去，经济学的理论和政策实践，不是片面强调政府的作用，就是片面强调市场的作用，而来自中国和其他发展中国家成败经验总结的新结构经济学强调"有效市场和有为政府"的有机结合，这样每个国家都可以消除贫困，实现繁荣。思路决定出路，向还深陷低收入或中等收入陷阱的国家贡献发展的思路，助力其摆脱贫困，实现繁荣的梦想，这是中国作为世界大国的责任，也是中国对世界和平和发展能做的最大贡献。

回望中国民企
发展 40 年[1]

改革开放 40 年我国经济和民营经济发展的奇迹

1978 年，撒哈拉沙漠以南非洲国家人均 GDP 是 490 美元，我国人均 GDP 不及其三分之一。当时，我国 81% 的人口生活在农村，84% 的人口每天的生活费达不到 1.25 美元的国际贫困线标准，出口和进口分别仅占 GDP 的 4.1% 和 5.6%，两项加起来仅占 9.7%，意味着当时我国 90% 以上的国民经济与世界经济不相关，发展起点之低今日难以想象。从 1978 年到 2017 年，我国 GDP 年均增长率高达 9.5%，这在人类经济史上前所未有，超出所有人的预期。

我国改革开放的总设计师邓小平同志在推动改革开放之初，提出的

---

[1] 本文根据作者 2018 年 4 月 28 日在"德胜门大讲堂"的主题发言整理。

目标是 20 年"翻两番"。这意味着，中国每年的平均经济增长率必须达到 7.2%。根据当时国际经济学界流行的"自然增长率"理论，任何一个国家，除了在战争或大的自然灾害之后的恢复期，可以取得两三年 7% 或稍高点的经济增长外，正常状况下，很难实现 7% 的增长。我国现在不是 20 年平均每年增长 7.2%，而是 39 年平均每年增长 9.5%。如按照 39 年年均增长 7.2% 计算，我国现在的经济规模是 1978 年的 15 倍。事实是，我国以年均增长率 9.5% 的速度增长了 39 年，现在的经济规模是 1978 年的 34 倍。

改革开放 40 年以来，我国贸易增长也非常迅速。统计显示，过去 39 年间，我国进出口贸易年均增长率高达 14.5%。1978 年，我国贸易总额占 GDP 的比重仅为 9.7%，现在已超过 30%。一个国家的开放程度，通常可以用贸易占 GDP 的比重来衡量，经济学上称为"贸易依存度"。从贸易依存度看，在人口超过 1 亿的大国中，我国的贸易依存度最高。

在经济持续快速增长的条件下，2009 年我国经济规模超过日本，成为世界第二大经济体。2010 年，我国出口数量超过德国，成为世界第一大出口国，而且出口的产品有很大变化。1978 年，我国 75% 以上的出口产品都是农产品或农产品加工品。现在 97% 以上的出口产品都是工业制造品，所以中国在国际上被称为世界工厂，是世界制造业的基地。2013 年，我国贸易总量超过美国，成为世界第一大贸易国。按购买力平价计算，2014 年我国 GDP 总量超过美国，成为世界第一大经济体。2017 年，我国人均 GDP 已达 8 800 美元，成为中等偏上收入国家。一般认为，在 2025 年之前，我国就能跨过人均 GDP 12 700 美元这个门槛，成为高收入国家。从统计数字看，二战后至今，全球 200 多个发展中经济体中仅有 2 个经济体成功地从低收入迈入高收入阶段，一个是我国的台湾，另一个是韩国。到 2025 年之前，我国很可能成为第三个。目前全世界生活在高收入经济体的人口只占世界总人口比重的 15%，如中国变成高收入经济体，这一比重将从 15% 增加至 34%。

在此过程中，我国有 7 亿多人口超过每人每日 1.25 美元生活费的国际贫困线标准，为世界减贫事业做出了巨大贡献。二战后，所有的发展中经济体都致力于发展经济。世界银行、国际货币基金组织、联合国开发计划署等国际机构都在努力帮助发展中国家和发展中经济体发展经济，减少贫困，我国对世界减贫的贡献率超过 70%。

改革开放 40 年以来，我国也是世界上唯一没有出现金融危机的国家。不仅如此，当国际上爆发金融危机时，我国经济发展还为世界经济复苏做出了重要贡献。1997 年东亚发生金融危机，当时国际上认为东亚经济可能从此一蹶不振。但实际上，2000 年东亚经济体恢复到过去的快速发展水平，很大程度上归因于人民币没有贬值，为东亚经济提供了安定的锚，而且中国在东亚金融危机时依然维持 8% 的强劲增长，有效拉动了周边经济体的复苏。2008 年国际金融危机爆发，来势汹汹，如同 1929 年纽约股市崩盘，世界经济陷入长达 10 多年的大萧条。中国作为负责任的大国，迅速推出"一揽子"计划这个积极财政政策。2009 年第一季度就开始恢复增长，拉动其他新兴市场经济体在 2009 年第二季度恢复增长，并帮助其他发达国家也在第三季度停止了负增长。对于上述贡献，我们都引以为豪。

改革开放 40 年以来，我国民营经济发展成绩也十分喜人。从 1978 年至今，民营经济从无到有，从小到大。统计显示，1978 年，我国国民经济组成中，全民所有制占 80.8%，集体所有制占 19.2%，城乡个体经济、私营企业、合资企业、外商企业都是零。1992 年邓小平同志视察南方时，全民所有制经济占我国 GDP 的 51.4%，集体所有制经济占 35%，城乡个体经济占 7.8%，私营企业、合资企业、外商企业对国民经济的贡献率是 5.8%，后两项加起来不足 14%。根据全国工商联的统计数据，截至 2017 年底，我国民营企业数量有 2 726.3 万家，个体工商户 6 579.3 万户，注册资本超过 165 万亿元，对国家的税收贡献超过 50%，国内生产总值、固定资产投资以及非金融类对外直接投资占比均超过 60%，技术创新和新产品占比超过 70%，城镇就业占比超过 80%，对新增就业贡献率超过 90%。现在民营经济已经是推动我国增长、促进创新、增加就业、改善民生等方面的主力军。如果说中国改革开放 40 年取得的经济发展成绩是人类经济史上不曾有过的奇迹，那么，民营经济的发展当属奇迹中的奇迹。

双轨制是民营经济快速发展和面临障碍的重要原因

然而民营经济在改革开放以后的发展并非一马平川，面临着限制民营经济发展的"玻璃门、弹簧门、旋转门"问题。这些问题和我国改革开放以后的稳定和快速发展可以说是一体的两面，既限制了民营经济的发展，但同时也为民营经济的发展提供了稳定有利的环境。

苏联、东欧等社会主义国家从计划经济向市场经济转型的过程中，也允许民营企业发展，但转型为其带来的结果是经济的停滞、崩溃、危机不断。20 世纪八九十年代，国际主流理论认为，社会主义国家在计划经济时代发展不好，是因为政府对经济的干预扭曲太多，造成资源错误配置，滋生寻租腐败，导致效率低下。"华盛顿共识"倡导这些转型国家以"休克疗法"推行私有化、市场化、自由化，一次性消除各种干预和

第一章
中国成就来自何处

扭曲，以建立一个完善的市场经济体系。但这种转型方式忽略了一个问题，就是原来的干预扭曲存在的目的是保护补贴那些资本非常密集、技术先进、规模巨大的重工业。这些"先进"产业，违反比较优势，企业在开放竞争的市场中缺乏自生能力，取消保护补贴后，必然崩溃，造成大量失业，社会政治不稳定，经济也难以发展。在这种状况下，即使实行了全面的私有化，也只有少数在私有化过程中攫取大量自然资源或电信、电力等自然垄断行业的企业成为寡头，其他的民营企业在经济发展总体状况差、危机不断的情况下，也就难以做大做强。

改革开放以来，中国经济实现了稳定、快速增长，民营经济从无到有，从小到大。一个重要原因是，中国改革走的是一条与众不同的道路。在计划经济时代，中国与苏联、东欧社会主义国家和地区相似，都是国有制为主体、集体所有制为补充的公有制经济。当时之所以要建立这种经济体制，是为了在一穷二白的基础上迅速建立起资本密集、技术先进的重工业体系。对一穷二白、资本短缺、以农业经济为主的国家而言，违反比较优势的资本密集型重工业要发展，需要政府直接动员资源、配置资源，提供大量的保护和补贴，并给予国有企业市场垄断地位，不允许其他所有制企业与其竞争。与苏联、东欧地区采取的休克疗法不同，中国解放思想，实事求是，采取了双轨制渐进式改革道路：一方面继续给予计划经济时代建立的资本密集型大型重工业国有企业必要的保护补贴，另一方面放开传统上受到抑制的、符合比较优势的劳动密集型产业的准入，大量非国有企业，包括乡镇企业、民营企业甚至外资公司由此得以参与到中国的经济建设中来，并成为中国经济最富生机的力量。这种转型方式的好处是，维持稳定的同时，给予了广大民营企业家发挥聪明才智、追求个人价值的机会，民营经济占比从1978年的零，逐步达到

1992年初的13.6%，现在已是半壁江山。

但在此过程中，资本密集、违反比较优势的大型国有企业缺乏自生能力，没有保护补贴就难以生存，政府除了给予银行和股市资金的支持外，还给予了市场垄断地位，不允许其他所有制企业，包括民营和外资企业与其竞争，也就出现了限制民营行业准入的玻璃门、弹簧门、旋转门。

民营经济发展将迎来新的春天

经过40年的改革开放，2017年我国人均GDP达到8 800美元，已不再是一个贫穷落后、资本短缺的国家，绝大多数制造业包括大型装备制造业，都已经符合比较优势，继续给予这些大型国有企业保护补贴，其性质已由雪中送炭变成锦上添花。改革需要与时俱进，2013年召开的十八届三中全会提出全面深化改革，要让市场在资源配置中起决定性作用，意味着要取消双轨制遗留下来的各种保护补贴，让各种所有制企业在市场中公平竞争。因此，民营企业行业准入的玻璃门、弹簧门、旋转门也将随着改革的深化而逐一消失。

2017年，世界500强企业中，中国民营企业占16家。这让我回想起2003年在北京召开的世界华商大会，请我去做主旨演讲，谈中国经济和华商的发展。当时我查到的数据是，2002年《财富》世界500强企业中，中国有11家，美国有198家。在演讲中我做了一个预测，到2030年，世界500强企业中，中国将可能有120家，美国大约也只有120家，中国与美国旗鼓相当。那时国际上"中国崩溃论"盛行，很多人认为我太乐观。实际发生的比我当时的预测还快，2017年，在世界500强企业中，美国企业有124家,而中国已有115家,其中民营企业有16家。

2003年我做出上述预测的依据是,世界500强企业的数目与一个国家在世界经济中的总体规模是正相关的。2002年,中国经济规模占全世界的4.2%,美国占32.9%,世界500强企业中国有11家,美国有198家,两者高度相关。当时我认为,只要我们走中国的道路,解放思想、实事求是、与时俱进,推动改革开放,到2030年,即使按照市场汇率计算,我国经济规模也将超过美国。2003年以后的发展比上述预期还快,到2017年时我国经济规模已占全世界的16%,美国的经济规模占全世界的23.4%。现在国际上已经普遍接受我在1994年出的《中国的奇迹》一书中所做的预测,到2030年时,我国经济规模将超过美国,占全世界经济规模的比重应该在20%以上。

届时,世界500强企业中,中国企业至少有125家。到2050年,建成社会主义现代化强国时,我国经济规模很可能是美国的1.5倍以上,占全世界经济规模的比重将超过25%;在《财富》世界500强企业中,中国企业很可能达到150家。2017年,世界500强企业中,中国有115家,其中民营企业16家,超过十分之一。民营企业的内在增长动力强于其他所有制企业。到2030年,世界500强企业中,中国企业若达到我预测的125家,我相信,民营企业可以占到40家。到2050年,世界500强企业中,如中国企业达到150家,民营企业有可能达到75家之多。

回顾改革开放以来民营企业走过的历程,我对民营企业家充满了敬意。民营企业家抓住改革开放的机遇,积极奋起,快速发展,积累了资本,我国的比较优势才得以迅速变化,对资本密集型大型国有企业的保护补贴才会从"雪中送炭"变为"锦上添花",为取消保护补贴和2013年全面深化改革,以及消除限制民营企业发展的玻璃门、弹簧门、旋转门时机的到来创造了条件。

十九大报告再次重申"毫不动摇巩固和发展公有制经济，毫不动摇鼓励、支持、引导非公有制经济发展"。我相信，只要有公平竞争的市场环境，广大民营企业家一定能更好地发挥企业家精神，实现个人价值和企业发展，同时为中华民族的伟大复兴做出贡献。

第二章

中国发展的启示

中国发展带来的几点启示[1]

改革开放以来，中国经济发展取得巨大成就，从一个贫穷的国家变成世界第二大经济体。中国的发展拓展了发展中国家走向现代化的途径，给世界上那些既希望加快发展又希望保持自身独立性的国家和民族提供了全新选择。总的来说，中国经济发展给贫穷国家实现自身发展带来四个方面的启示。

中国曾是世界上最贫穷的国家之一。1978年，我国人均GDP只有156美元，80%以上的中国人生活在农村。1981年，84%的中国人生活水平在一天1.25美元的国际贫困线之下。但是，经过改革开放以来的快速发展，中国成功迈进中等偏上收入国家行列，2018年人均GDP接近1万美元。短短40年时间，中国就创造了一个摆脱贫困、走向繁荣的经

---

[1] 本文原载于2019年8月13日《人民日报》。

济奇迹,证明贫穷不是命运,为世界上其他还深陷贫困的国家实现工业化、现代化,走向繁荣富裕带来了信心。这是中国发展带来的第一点启示。

对广大贫穷国家来讲,如何摆脱贫困、实现自身发展是当务之急。贫穷国家大多以传统农业生产为主且生产力水平很低,要摆脱贫困就必须实现农业农村的改变。首先,要积极引入现代农业生产技术、化肥、良种等,提高农业生产力水平和农民生活水平。其次,要大力加强农田水利建设,改善农业灌溉条件,防止或减少因天有不测风云而带来的不利影响,确保农业生产旱涝保收。再次,要提高农民的生产积极性。这是提高农业生产力水平的关键。中国通过实施家庭联产承包责任制,极大调动了农民的生产积极性,既改变了农村面貌,又拉开了改革开放的大幕。最后,要更好地发挥政府的作用。一方面,农业现代化离不开良种培育,而良种培育在很大程度上属于公共产品,依靠市场力量很难实现有效供给,需要充分发挥政府的作用;另一方面,单纯依靠农户难以解决大规模兴修农田水利、改善农业灌溉条件等问题,要充分发挥政府作用才能做好。摆脱贫困、实现发展需要从推进农业现代化做起,这是中国发展带来的第二点启示。

当然,要摆脱贫困、实现发展,单单靠发展农业是不够的,一定要推进工业化。现代化是农业和农业人口所占比重都不断下降的过程。贫穷国家要摆脱贫困、实现发展,就一定要推进工业化,把农民从农业中转移出来,进入现代化工业体系,并不断提升工业化发展水平、优化产业结构。1978年以来,中国之所以能够发展起来,一个重要经验就是在农村改革的基础上推进工业化、城镇化,大力发展现代服务业。这是中国发展带来的第三点启示。

事实上,一些国家也都明白先推进农业现代化,进而推进工业化、城镇化这一道理，但为什么鲜有国家成功？根本原因在于它们在实现自身现代化过程中选错了参照系，将发达国家有什么、做什么作为实现自身现代化的参照目标。在第二次世界大战后，它们按照当时西方主流的结构主义理论，在资本极端短缺的条件下，以进口替代战略去发展和发达国家一样先进的资本密集型大工业。由于违反比较优势，企业在开放竞争的市场中缺乏自生能力，只能靠政府对市场直接干预和扭曲的保护才能勉强把这样的产业建立起来。

20世纪80年代以后，一些国家又按照当时西方主流的新自由主义理念，试图以"休克疗法"推行私有化、市场化、稳定化，建立起和发达国家一样完善的市场经济体制，忽视了政府在经济转型和发展过程中的作用，结果不仅原本已经建立起来的工业体系崩溃了，新的工业体系也没有建立起来，出现了去工业化现象。这就导致一些国家在向市场经济转型过程中经济停滞、崩溃、危机不断。

中国为什么成功了呢？主要原因在于，中国能够根据自己的要素禀赋条件以及要素禀赋条件决定的比较优势，发挥政府在市场经济中的因势利导作用，把自己能做好的产业做大做强，将比较优势变成竞争优势，从而推动中国经济长期稳定快速发展。这是中国发展带来的第四点启示。

发展中国家可以向崛起的中国学什么[1]

2018年是中国从计划经济向市场经济转型40周年。这个周年纪念正值非同寻常的历史时刻：美国明显在退出全球化，为中国加快步伐成为全球贸易体系守护者提供了确凿无疑的机会。

此外，中国在过去几十年里从贫穷国家崛起为世界强国，这可以为其他发展中国家提供宝贵的经验，特别是在特朗普政府继续推行反全球化政策的情况下。

1978年，中国人均GDP极低，是一个只关注自身的国家，其对外贸易占GDP的比例仅为9.7%，如今已达到32.7%。

自20世纪70年代末以来，中国的经济增长非常显著。2009年，中国超过日本成为世界第二大经济体；2010年取代德国成为全球最大的商

---

[1] 本文原载于2017年12月1日《纽约时报》，原标题为"What China Can Teach Developing Nations About Building Power"，中文版经作者审订。

品出口国；2013年成为世界上最大的贸易国家；2014年，以购买力平价计算，它超过美国，成为世界上最大的经济体。在此期间，有7亿多中国人摆脱了贫困。中国是过去40年来唯一没有遭遇本土金融危机的新兴经济体。

如今，中国已成为中等偏上收入国家，人均GDP接近9 000美元，到2025年左右，这一数字可能会突破12 700美元大关，标志着中国成为高收入国家。中国也是世界上最大的商品生产国，以及世界上最具竞争力的国家之一。

中国全心接受全球化。它发起了雄心勃勃的"一带一路"倡议，旨在通过基础设施建设把中国同亚洲、欧洲和非洲市场联系起来。中国为支持"一带一路"而提议创建的亚洲基础设施投资银行最初虽然遭到美国的公开反对，但如今已有77个成员国，成为世界上最大的多边发展机构之一。

2015年，人民币被国际货币基金组织列为特别提款权货币篮子中的五种货币之一，其他四种货币分别是美元、日元、欧元和英镑。这使人民币向着成为国际储备货币迈进了一步。

值得注意的是，苏联和东欧国家在实施自主经济转型后，都出现了经济崩溃，而中国却取得了更大的成功，主要原因是方法上的差异。

在过渡的早期阶段，中国的重型设备制造和炼钢等资本密集型行业内存在大量无自生能力的国有企业。在开放和竞争的市场中，如果没有保护和补贴，这些行业是不可能存活的。因此，中国政府对这些企业给予补贴，但却开放了对劳动密集型产业的投资，中国在这个领域内享有比较优势。这种双轨制使中国保持稳定，实现了快速发展。

中国的经济开放也采取了类似策略。中国在以国有企业为主的资本密集型产业中限制外资流入。另一方面,对劳动密集型产业实行对外开放,吸引外资。

双轨过渡是有代价的。市场干预和扭曲导致腐败和收入分配不公的加剧。随着制造业的快速发展,环境污染也随之恶化。为了应对这些问题,习近平在2012年至2017年担任国家领导人的第一个五年任期内,发起了全面反腐,提议通过消除双轨制改革的扭曲,使市场在资源配置中起决定性作用,倡导严格的环保规定,在高速增长与"绿色"增长之间实现平衡。

随着中国经济影响力的增长,它对全球治理的影响力也将随之增长。2017年10月,中国共产党第十九次全国代表大会期间,习近平获得了第二个五年任期,成为中国的最高领导人。他现在的任务是使中国完成向高效率的公开市场经济转型,为国际和平与发展的新秩序做出贡献。

中国将继续推行消除贫困和饥饿的计划,并且是在全世界范围内,并不局限于本国。中国将继续奉行不干涉原则,同时继续为发展中国家提供援助、贸易和投资机会,而不是像西方那样,把自己的价值观念和意识形态强加给发展中国家,作为人道主义援助的先决条件。

20世纪70年代末以来,中国凭借强有力的领导和务实态度相结合,实现了蓬勃发展。中国继续保持着高瞻远瞩与开放态度,即将恢复其世界领先大国的历史角色。

中国经验有助于世界消除贫困[1]

改革开放创造了中国奇迹

改革开放 40 年来,我国经济社会发展取得了巨大的成就。与其他国家相比,中国改革开放有哪些独特的经验?

中国能取得举世瞩目的发展成就,一个重要原因就是,解放思想、实事求是,既不照搬过去的理论,也不硬套国外现成的理论,而是走自己的道路。中国根据面对的实际问题,认真分析原因,研究我国在解决问题上具有的有利条件和限制条件,以老人老办法、新人新办法的双轨制渐进式改革,充分利用国内国外两个市场、两种资源,在维持稳定的前提下求得经济的快速发展。其他按照国外的理论和"理想"模式,试

---

[1] 本文根据 2018 年 4 月《21 世纪经济报道》对作者的专访整理。

图一次性解决国内所有问题的国家，其结局大多是经济崩溃、停滞和危机不断。

中国按照解放思想、实事求是的思路，采取的双轨制渐进式改革在20世纪80—90年代被外界认为是"最糟糕"的转型方式，但实际上它却是中国能够维持稳定和实现快速发展的原因。当然，在这个过程中，也出现了腐败和收入分配不公、环境恶化等问题。面对问题，中国同样解放思想、实事求是，客观分析，积极应对，这是中国改革开放取得一步又一步成功的最重要经验。

中国 2025 年将成为高收入经济体

我在达沃斯论坛上预测，到 2025 年，中国将会成为第二次世界大战结束以来第三个由低收入发展成为高收入的经济体。那么，中国经济增长的动力来自哪里呢？

我们有不断追求经济发展的内在动力机制，我们追求中华民族伟大复兴，这是中国共产党的初心，是全体中国知识分子的初心，也是全体中国人民的初心。这是我国发展的内在动力。

美好的生活离不开收入水平的不断提高，前提则是劳动生产率水平的不断提升，这需要不断地创新。改革开放初期，中国与发达国家在各个方面都有很大差距。中国利用后来者优势，利用与发达国家产业和技术的差距，引进、消化、吸收国外的先进技术，大幅降低了技术创新、产业升级的成本和风险，这是中国改革开放取得成功的重要原因之一。

2017 年，中国人均 GDP 已经达到 8 800 美元，成为一个中等偏上收入的国家，美国人均 GDP 是 6 万美元，德国是 4.4 万美元，日本是 3.4

万美元，韩国是 3 万美元。当前，我国与发达国家相比，产业和技术水平依然存在一定差距，还有后来者优势。但作为一个中等偏上收入的大国，我国有些产业已经走到世界前沿，如家电、高铁、发电设备，此类产业的发展只能依赖自主创新。还有一些新兴产业，如互联网、移动通信等，研发周期短，以人力资本投入为主。作为拥有近 14 亿人口的大国，中国在人力资源方面具有优势，在此类新兴产业方面具有弯道超车、与发达国家直接竞争的机会。

这就是我们成为第三个由低收入转型成为高收入经济体的信心来源。如能实现，这将是人类历史上一个很重要的里程碑。届时，全世界生活在高收入经济体的人口比例将从目前的 16% 增加到 35%。

中国应该在国际舞台上提出自己的理论

现在，中国已经是世界第二大经济体。按购买力平价计算，我国在 2014 年就已经是世界第一大经济体。随着中国经济体量的不断增加，国际组织对中国的关注也在增加。国际货币基金组织总裁拉加德曾经表示，国际货币基金组织总部可能在 10 年后迁往中国北京。同时，越来越多的中国面孔开始出现在国际组织中。

在国际治理体系中，中国的话语权和影响力必将随着经济地位的提高而不断提升。

我很幸运，2008 年成为第一位来自发展中国家的世界银行首席经济学家兼高级副行长。我前面的八任都来自发达国家，而且都是大师级的经济学家，有的获过诺贝尔经济学奖，并具有丰富的从政经验，如担任过白宫经济顾问委员会主席、中央银行行长等。我能有这样的机会，是得益于中国的发展，因为这些国际发展机构的发展目标是减贫，在过去40年的高速发展中，中国7亿多人口摆脱贫困，对世界减贫的贡献率超过70%。可以说，我登上这个过去被认为是世界上经济学家的最高职位，反映的是中国发展和减贫事业的伟大成就。

现在，在国际发展机构任职的中国人越来越多，如世界银行常务副行长、国际货币基金组织常务副总裁、联合国工业发展组织总干事都是中国人。但总体而言，我国的话语权依然较小，与我国经济占世界经济的比重还不够相称。目前，国际上还是以西方理论、西方话语为主导。尽管国际社会目睹了中国转型取得的成绩，但基本上还都是以西方的理论来看中国的经验。从西方理论的视角看，通常认为中国问题很多，所以"中国崩溃论"在国际上此起彼伏。

但是，中国成功的背后一定有其道理。如我们将中国成功的道理加以总结，就可以成为中国智慧、中国方案。理论的适用性取决于条件的相似性，中国发展的前提条件与其他发展中国家比较接近，因此，中国的理论对解决其他发展中国家面临的问题具有重要的借鉴意义。二战后，发达国家给发展中国家提供的援助金额超过3万亿美元，数额巨大，出发点也非常好。但这是以发达国家作为参照系，把发达国家的理论作为依据，援助的效果很差。如中国改革开放后减少的贫困人口不计在内，到2000年时世界贫困人口并未减少。

随着中国国际地位的提高，在国际机构任职的中国人将不断增多，我们应该更好地总结中国的经验，提出新的理论，形成新的话语体系，这对世界消除贫困大有裨益。

政府有为要以市场有效为依归

大家普遍认为,改革现在已经进入"深水区"。我们还有哪些"硬骨头"必须要啃?政府和市场应该分别发挥怎样的作用?

中国改革开放40年以来取得的成绩十分不易。实际上,20世纪八九十年代,所有社会主义国家都在努力转型,但真正成功实现转型的国家很少,大多数国家的结局是经济崩溃、停滞、危机不断,而且多数国家发生危机的频率甚至高于其转型之前。

我国改革开放采取的是双轨制渐进式措施:一方面,为保护补贴原有的大型国有企业,保留了许多计划经济时代的干预扭曲;另一方面,对过去受抑制、符合我国比较优势、有竞争力又能创造就业、增加出口的产业,开放民营和外资企业准入,并因势利导,建立经济特区、加工出口区,创造进入国际市场所需要的"硬"的基础设施、"软"的制度安排。尽管当时全国基础设施和制度环境普遍较差,我国还是把具有比较优势的产业迅速变成竞争优势,实现了稳定和快速发展。

这种双轨制渐进式改革在20世纪80—90年代被认为是最糟糕的转型方式。当时主流观点认为,要实现从计划经济向市场经济的转型,必须推行私有化、市场化、自由化,一次性消除所有的市场扭曲和政府干预。

违背西方主流经济理论的双轨制渐进式改革为什么会成功?主要是因为:这一方式对改革前优先发展的违反比较优势、缺乏自生能力的资本密集型产业部门给予转型期保护,有效维护了经济和社会稳定;同时,政府放开原先受到抑制的、符合比较优势的劳动密集型部门的准入,并因势利导促其发展,使经济得以保持可持续增长,这些部门的发展创造了大量的就业，使农村剩余劳动力能够到城市工业部门就业，而且，符合比较优势的部门的快速增长还积累了资本，使原先违反比较优势、缺乏自生能力的企业变成了符合比较优势、具有自生能力的企业，转型期的各种保护补贴从雪中送炭变为锦上添花，可以逐渐减少直至取消。

目前，绝大多数的大型产业已经符合我国的比较优势。只有极少数产业，如与国防安全有关的产业，资本、技术非常密集，我国还不具备比较优势，但为了国防安全，我们与其他高收入国家一样，必须对其给予一定的扶持。这类产业在数量上非常少，扶持方式也应与其他国家一样，直接由财政拨款给予补贴，而不需以市场价格扭曲来补贴。所以，党的十八届三中全会与时俱进地提出全面深化改革，消除各种扭曲，让市场在资源配置上起决定性作用。

但是，在经济发展过程中，市场失灵是必然存在的，尤其在转型国家更是如此。因此，我们也需要有为的政府来解决市场失灵。政府和市场的关系是相辅相成的，市场有效要以政府有为为前提，政府有为要以市场有效为依归，两者缺一不可。这是我国改革开放取得成功最主要的经验，也是我提出的新结构经济学的核心内容。

应协调体制差异释放粤港澳湾区活力

广东是改革开放以后发展最快的省份。改革开放初期的"三来一补"（来料加工、来样加工、来件装配和补偿贸易）就是广东最早创造出来的经验。随着劳动力价格上升、比较优势发生变化，广东也最早提出要腾笼换鸟。在此过程中，广东较好地发挥了市场的作用，调动了企业家的积极性，同时，也较好地发挥了政府的作用，大力发展基础设施建设，营造良好的政策环境，解决了企业家解决不了的问题。

发展是永无止境的，技术创新、产业升级和制度创新也是永无止境的。广东要继续发挥这种敢为人先的精神，不断在前进过程中发现新的机遇，克服存在的各种体制、机制、软硬基础设施障碍。广东要在经济发展上继续走在全国前列，它的各种创新也要继续走在时代前列。

粤港澳湾区是全国收入水平、发展阶段最高的地区，经济总量也是全世界最大的地区之一。与纽约湾区、旧金山湾区、东京湾区相比，粤港澳湾区的内部差异最大，既有全世界的金融中心，也有全世界最大的制造业基地。这种内部差异性显示出经济的互补性。只要充分利用其差异性和互补性，它也将成为一个最有活力的湾区。

当前，湾区发展最大的障碍是，各种制度安排的差异性大，比如，深圳是经济特区，香港、澳门又是两个特别行政区。我们需要探讨如何协调体制的差异性，从而保留原有体制的优势，克服体制存在的短板，让湾区内部经济体发挥合力。

面对贸易摩擦应有理有据，以战止战

中国的发展离不开以全球化为代表的外部环境。随着美国对进口钢铁和铝产品全面征税，各种区域贸易安排相互竞争，全球自由贸易体系似乎正在受到严峻挑战。

但贸易战是没有赢家的，既不利于美国，也不利于我国和全世界。特朗普宣布对中国实施惩罚措施后，美国股票市场急剧下挫，而且还波及了其他国家的股票市场。美国确实有很严重的贸易不平衡问题，但主要是由美国内部原因造成的。首先，美国的储蓄率过低，消费过高，这是美国贸易逆差产生的主要原因。其次，美元是国际储备货币，美国可以靠印钞票来弥补逆差，这是美国贸易逆差可以长期存在的原因。

但美国的政客向来把问题指向别人，以转移内部焦点，捞取个人的政治好处，实际上这对美国是不利的。20世纪80年代，美国对日本和亚洲四小龙有较大的逆差，通过《广场协定》，要求日本和亚洲四小龙货币升值，并主动限制出口或把工厂迁到美国，但结果美国的逆差不仅没有减少，还不断扩大。只要美国不提高储蓄率，这次美国的结局也会是这样。

在这种状况下，我们应该站在道德制高点，继续推动全球化，这有利于中国，也有利于全世界。这也是为什么习近平2017年在达沃斯论坛上的重要讲话得到全世界的喝彩。面对贸易摩擦，我们要有理有据，以战止战，可以采取一些必要的反制措施，对美国部分产品加征进口关税，这些产品出口量减少，其国内生产者蒙受损失，美国对华出口产品较为集中，其生产者的损失会较大。而同时，美国进口关税提高后，其国内进口商品价格增长，最终成本也要由美国民众承担。美国出口商品的生产者和进口商品的消费者都受到损失，会有助于美国选民了解贸易应是互利双赢的，进而改变美国选民对华贸易制裁的态度，削弱特朗普以对华贸易制裁来争取选票的意图，以求以战止战。

人民币国际化不是我们单方面的意愿

2008年国际金融危机和1997年东亚金融危机给我们的教训是要有居安思危的态度。2008年之前，美国宏观经济学界认为，美国的宏观经济很稳定，宏观经济理论非常成熟，实现了所谓的大稳健（great moderation），有办法熨平任何经济波动。在次贷危机出现之初，他们认为事态并不严重，因为牵涉金额只有7 000亿美元。但后来危机突然爆发，雷曼兄弟于2008年9月破产，让美国的危机变成全世界的危机。1997年东亚经济危机发生之前也是如此：20世纪五六十年代以后，东亚经济一枝独秀，但1997年突然发生危机。

金融是现代经济的重要组成部分。它如同水，没有水，植物就不能生长。但也必须了解到，水可载舟，亦可覆舟。因此，必须防范可能出现的金融危机，这就是我们把防范化解重大风险列入三大攻坚战的原因。这并不意味着我们现在有危机，而是要及早化解金融体系中的高杠杆等问题。

关于人民币国际化，我觉得是水到渠成的问题。我国现在是全世界第一大贸易国；按照购买力平价计算，我国也已是世界第一大经济体；按照市场汇率计算，我国是第二大经济体，但到2030年前后，将成为世界第一大经济体。在这种情况下，人民币国际化不仅有利于中国，也有利于与中国进行贸易往来的所有国家。到2030年，我国的发展潜力依然巨大，还将继续以较快的速度发展，继续对全世界的增长做出贡献。

自金融危机以来，我国每年对世界经济增长的贡献超过30%。我相信，未来也将保持这种态势。在这种情况下，人民币国际化不是我们单方面的意愿，用人民币计价可以让各国都减少交易费用，降低风险。

当然，也不能拔苗助长，这应该是水到渠成的事。

另外，我们也要认识到，人民币变成国际储备货币也是一把"双刃剑"。美元作为国际储备货币，给美国带来很大方便，但使其贸易逆差可以长期持续，掩盖了内部诸多问题，最终积累成危机。我们应该防止类似情形的出现。

第三章

中国要有自己的经济理论

十九大后
中国新发展理念解读[1]

中共十九大是一个里程碑式的会议,明确指出中国的发展进入了一个新的时代。

新时代的内涵和习近平新时代中国特色社会主义思想

按照我的理解,新时代有两个方面的含义:第一,中国的主要矛盾发生了变化,从人民日益增长的物质文化需要和落后生产力的矛盾变为人民日益增长的美好生活的需要与不平衡、不充分的发展的矛盾;第二,中国从过去的站起来、富起来进入现在强起来的时代,并且比过去任何时候都更接近、更有信心、有能力实现中华民族的伟大复兴。

---

[1] 本文根据作者 2017 年 11 月 17 日在广州国际金融论坛年会"十九大后中国新发展理论解读"全体会上的发言整理,经作者审订。

为了实现中华民族伟大复兴的目标，十九大报告把中国从现在到2050年的发展分成几个阶段：现在到2020年是全面建成小康社会决胜期；从2020年到2035年，基本实现社会主义现代化；从2035年到2050年，把中国建设成富强民主文明和谐美丽的社会主义现代化强国。为了实现这一宏伟蓝图，十九大确立了习近平新时代中国特色社会主义思想。习近平新时代中国特色社会主义思想包含经济、政治、文化、社会、生态各个方面，主要体现在十八大以来，习近平论述的"五位一体"总体布局、"四个全面"战略布局，以及"五大发展理念"。

五大发展理念和供给侧结构性改革

我们从新的"五大发展理念"来分析在十九大以后中国的发展。首先，发展要以人为本，最主要是满足人民日益增长的对美好生活的需要。如何才能够满足这个需要？总体来讲，要发展生产力，在发展生产力的过程中则必须克服不平衡、不充分的发展。进行供给侧结构性改革是克服不平衡、不充分发展的主要举措。供给侧结构性改革包含五个方面：去产能、去库存、去杠杆、降成本、补短板。去产能、去库存、去杠杆、降成本主要解决不平衡的问题，产能不平衡表现在各产业的供给能力跟需求水平之间的不平衡，必须根据需求的水平来调整供给侧的生产能力，这是去产能方面。去库存方面，主要表现在生产出来的产品跟市场的需求之间不平衡，产品生产过多，市场需求不足，就产生了库存，会造成浪费，所以要去库存。去杠杆主要表现在金融跟实体经济之间的不平衡，造成了杠杆率太高，积累了金融风险，所以要去杠杆。降成本主要是企业经营跟行政管理之间的不平衡，造成了企业的经营费用太高，所以要降低行政管理造成的高成本。补短板,要解决的则是发展不充分的问题,把短板补齐,以满足需求并提高生产力水平。

在供给侧结构性改革当中,解决不平衡问题的主要方式是进行深化改革,补短板则需要进一步发展。发展的过程应该按照习近平新时代中国特色社会主义思想所讲的五大发展理念,即从创新、协调、绿色、开放、共享五个方面来推进。这五个方面,又可分成手段跟目标。从手段来讲是创新,以提高生产力水平。从目标来讲,创新之后要生产,供给和需求之间要协调,以避免过高的产能和库存,同时,必须符合绿色标准才能够满足人们对美好生活的希望,也必须充分利用国内、国际两种市场和两种资源在开放经济下来实现,最后,发展的成果需要让所有的国民共享。

五大类型的产业和创新

从经济学家的视角来看,创新包括在未来生产中所用的技术比现在的技术好,或者是进入的产业的附加价值比现在的高,即产业升级。前者有两种方式可以实现:如果现有的技术已经在世界最前沿,技术创新等于技术发明;如果现有技术跟世界技术前沿有差距,创新除了自己发明之外,还可以通过引进、消化、吸收来实现。就后者而言,如果现有的产业已经处在世界最前沿,产业升级必须通过发明新产品、新产业来实现。但如果现有的产业附加价值跟世界前沿的产业附加价值还有差距,在产业升级的时候,也可以通过引进、消化、吸收的方式来实现。

新结构经济学把目前处于中等偏上收入的中国的产业分成五种类型。

第一种为追赶型产业，不仅中国自己有，比中国发达的国家也有，比如装备制造业。中国是世界装备制造业大国，德国也是世界装备制造业大国。同样功能的装备，中国制造的价值100万美元，但由德国来生产的话，可能达500万美元。所以，中国还处于追赶阶段。

第二种为领先型产业，是指中国在该产业的技术已经处于世界领先水平，包括家电产业（如电视机、电冰箱、洗衣机）及高铁等。中国已经处于世界最先进的水平。

第三种为转进型产业，是指过去中国领先，但由于中国比较优势的变化而领先地位不复存在的产业。

第四种是弯道超车型产业。这类产业新技术、新产品的研发主要以人力资本投入为主，产品和技术的研发周期短。中国作为中等偏上收入的国家，人力资本目前跟发达国家比差距并不大。中国跟发达国家的差距主要在于金融、物质资本的积累，发达国家已经进行了两三百年，中国是改革开放以后才快速积累，存在差距。如果一个产业新产品、新技术的发明创造主要是以人力资本投入为主，从要素禀赋的结构来看的话，中国跟发达国家并没有明显的比较劣势。对这类短周期、以人力资本投入为主、金融投入相对少的产业来说，中国可以跟发达国家直接竞争，进行弯道超车，而且中国在这方面还有相当大的优势。中国人多，人才多，并且拥有巨大的国内市场，新发明、新创造出来的产品或技术在国内可以马上获得很大的市场。如果这个产品有硬件的需要，中国又是各种部件配套最齐全的国家，所以中国在弯道超车型产业上的创新也具备比较优势。

最后一个类型是国防安全和战略型新兴产业，这类产业的创新方式跟弯道超车型产业的方式正好相反，它虽然也需要高的人力资本，但研发周期特别长，需要10年甚至20年，也需要大量的金融跟物质资本投入。如果单纯从当前要素禀赋所决定的比较优势来看，中国在这方面还不具有比较优势，但是有些国防安全产品无法从国外购入，没有它就没有国防安全。所以，在这种情况下，中国也要支持它的发展。

对于有些战略型新兴产业，虽然不见得跟国防安全有关，研发的时间也相当长，金融物质资本的投入也相当多，照理说中国还不具备比较优势，但是如果一个新的产业方向已经非常明确，中国因不具备比较优势而放弃这方面的研发，会导致战略制高点被发达国家占领，中国未来想进入这个产业，很多技术都无法引进或需要很高的成本来引进。所以，这些产业即使现在不具有比较优势，从长期来看，现在不投入，未来再进入的成本跟风险也会太大。

把中国现有的产业分成这五类，创新的方式各有特色。追赶型的创新主要是以引进、消化、吸收为主。领先型、弯道超车型跟国防安全及战略新兴产业的创新主要靠自主研发。转进型产业的创新方式，可以是进入附加价值高的微笑曲线两端，包括经营品牌、产品设计、营销渠道管理等，需要产品研发或管理方式的创新；也可以是把失掉比较优势的生产部分转移到国内或者海外工资水平比较低的地方去，这则需要根据产地的情况进行管理创新。不同的产业应该用不同的创新方式，这样才能够得到最高的效率。

在创新的过程当中，还要考虑到一些新的平台技术，例如智能的生产方式以及互联网提供的机会，绿色的技术必须贯穿整个过程。这样才能实现五大发展理念所要求的"创新、协调、绿色、开放、共享"的目标。

创新和金融

创新需要资本的投入,因此创新需与金融结合。追赶型产业的创新方式是以引进为主,它所需要的金融支持以银行贷款或者发债方式为主,银行还分大小银行,取决于产业里企业规模和资金需求的大小。如果是大企业,追赶的时候首先由银行来支持,包括并购等手段。如果是小企业,一些中小银行即可满足。

对必须以自主研发为主要创新方式的领先型、弯道超车型产业创新来说,资金的来源也不一样。领先型产业里的企业通常相当成熟,资金需求主要靠股票市场的融资方式。对转进型企业来说,开发新产品或者渠道管理、质量管理,资金需求主要是以银行支持为主。弯道超车型产业需要自主创新,此类产业会更多依靠天使资本、风险资本等能够分散风险的金融方式。

至于国防安全跟战略型新兴产业,由于还不具备比较优势,研发需要政府的资金支持,支持的方式主要是财政直接补贴,国家可以设立基金以补贴研发或者通过财政进行采购。

总体来讲,进入十九大提出的新时代,为了实现中华民族的伟大复兴,也为了让中国强大起来,并且满足人们对美好生活的需要,必须进行各种方式的创新。在创新过程当中,必须根据不同类型产业的特性来采取不同方式。金融要服务于实体经济,也必须根据不同产业的发展跟创新的方式,以合适的金融安排来支持。在创新的过程中,还要关注协调、绿色、开放、共享。若能如此,相信中华民族伟大复兴以及让中国强起来的目标一定能够实现。

从 70 年发展看经济学
理论创新[1]

2019 年是新中国成立 70 周年，我想从过去 70 年来我国经济的发展反思现代经济学理论，并且对现代经济学理论自主创新的必要性和方向谈几点粗浅的看法。

中国过去 70 年的经济发展和国际主流思路

过去这 70 年，我国经济发展从大的方面来讲，可分成两个阶段：一是从 1949 年到 1978 年，当时我们推行的是计划经济体制；二是从 1978 年年底实行改革开放到现在，建立了中国特色社会主义市场经济体系。

---

[1] 本文为作者 2019 年 3 月 23 日在中国人民大学经济学院（新）成立大会暨中国经济学 70 年演进与发展学术研讨会上的主旨演讲，原标题为"从我国 70 年发展谈现代经济学理论自主创新的必要和方向"，经整理与审订。

在计划经济时代，我们学的理论是马克思主义的原著和苏联的社会主义政治经济学，我们参考的经验主要是苏联的经验，它的目的是在一穷二白的基础上建立起一个完整的重工业体系。

当时我们所学的苏联的社会主义政治经济学跟那时世界主流的经济学理论有不少不谋而合的地方。20世纪30年代经济大萧条以后，凯恩斯主义成了西方宏观经济学的主流，强调市场失灵和政府对市场的干预，认为任何一个国家，经济要发展好必须靠政府克服市场配置资源的局限性。同时，第二次世界大战以后，很多发展中国家摆脱了殖民地、半殖民地的地位，在第一代领导人的带领下开始追求自己国家的现代化。应这个需要，西方主流经济学分出了一个新的子学科——发展经济学。

第一代发展经济学理论现在称为结构主义，主张发展中国家要民富国强，要赶上发达国家，就应该发展跟发达国家一样先进的现代化大工业。其理由是：要"民富"，希望收入水平跟发达国家一样高，就必须有跟发达国家一样高的劳动生产率，要跟发达国家有一样高的劳动生产率，就必须有跟发达国家一样先进的技术和产业；要"国强"，就必须有先进的军事装备，那些装备也是由先进的技术和产业生产的。然而事实上，发展中国家当时的产业都是传统的农业或依靠自然资源的产业，劳动生产力水平很低，所以收入水平也很低，国家也不强。因此结构主义建议发展中国家应该以发展现代、先进的产业作为发展的目标，这个目标其实跟我国20世纪50—60年代的"超英赶美"一样。但是，那些现代化的产业在发展中国家靠市场发展不起来，于是就被认为是市场失灵，建议发展中国家应该由政府直接动员资源、配置资源，以进口替代的方式发展现代化的产业。

这种发展方式可以让一个发展中国家在一穷二白的基础上迅速建立

第三章
中国要有自己的经济理论

起一个现代化的工业体系。尤其我国在 20 世纪 60 年代的时候就可以试爆原子弹，70 年代卫星就可以上天，这当然是一个非常了不起的成绩。不过推行这种发展方式的发展中国家经济发展的总体成绩相当不好。从国内的情形来看，人民的生活水平长期得不到提高，到开始改革开放的 1978 年，我国的产业结构水平看起来非常高，非常先进，但是人均收入水平却非常低。经过新中国成立以后 30 年的努力，我国的人均收入水平连世界上最贫穷的非洲国家的三分之一都没有达到。

其他社会主义国家跟我们的情形一样，如果从工业体系来看都很先进，从生活水平来看都相当滞后。其他非社会主义的发展中国家，包括拉丁美洲、南亚、非洲国家，在当时主流理论思潮的影响下，也是工业建设有成绩，但是生活水平没改善，并且经济出现了停滞，各种危机不断涌现。

我国 1978 年年底在社会主义国家当中率先进行从计划经济体系向市场经济体系的转型。其他社会主义国家，包括苏联、东欧国家则先后在 20 世纪 80 年代、90 年代开始转型，其他非社会主义的拉丁美洲、南亚、非洲发展中国家也在 80 年代、90 年代从政府主导的进口替代经济向开放的市场经济转型。

20 世纪 80 年代，国际上的主流思潮是新自由主义，认为社会主义国家以及其他发展中国家经济发展不好是因为政府对市场干预太多，造成各种扭曲，经济发展不好是由政府失灵造成的。从经验实证来看，政府主导的经济体系效率不如发达国家那样的市场经济体系。所以，转型的目标是向市场经济体系过渡。当时的主流思潮认为，要向市场经济体系过渡就必须建立起市场经济所必需的制度安排。市场经济体系需要哪些制度安排？市场的好处是能够有效配置资源。怎么样实现资源的有效配置？价格必须由市场决定，在转型前各种价格主要由政府决定，因此，第一个建议就是这些国家必须价格市场化，由市场的供给和需求来决定价格，由价格来引导资源的配置。一个产品的价格升高，代表需求旺盛，资源就多配置到这个产品去增加生产以满足需求。反之，价格降低，就减少资源在这个产品上的配置。这个逻辑非常清晰。

不仅价格应该由市场决定，当时中国和其他转型中国家、发展中国家存在着大量的国有企业，当时的看法是，即使价格由市场决定，如果企业是国有的，价格也会失掉配置资源的功能，因为国有企业如果亏了本，国家会给补贴，如果赚了钱，要上交给国家。在这样的情况下，即使各种资源和要素的价格由市场决定，本来在市场经济中一个要素的价格上涨，企业应该节约使用，这样效率才能提高，可是对国有企业来说，要素价格上涨，亏损增加也没关系，反正政府会补贴，所以就不会随着要素价格上涨费心费力去节约。同样的道理，如果生产的产品价格增加，按照市场经济的逻辑，应该努力多生产，多赚利润。但是国有企业赚的利润都要上交给国家，因此，即使产品价格上涨，它们也不见得会努力多生产。所以，当时的看法是，要让市场价格对资源配置起决定性作用，所有的国有企业都必须私有化，这个逻辑也非常清晰。

价格要对资源配置起决定性作用，还有一个前提，即价格必须稳定，如果出现了高通货膨胀，行为会被扭曲。假如一个生活必需品的价格不断上涨，消费者就会去抢购，在价格低的时候就想多买一些，抢购的结果就是需求会大量增加。从生产者的角度来说，看到价格不断上涨，企业就会惜售，等三个月甚至半年以后再来卖，价格会更高。结果是价格上涨时需求大量增加，供给大量减少，价格就会陷入一个不断上涨的恶性循环中，所以，市场要有效配置资源，必须有稳定的价格。怎么样才有稳定价格？前提是政府的预算必须平衡。因为如果政府预算不平衡，有赤字，到最后这些赤字会货币化，也就是会增发货币。一增发货币就会出现通货膨胀，一出现通货膨胀，行为就会被扭曲。

所以在20世纪80年代，根据当时的新自由主义思潮形成了后来的所谓"华盛顿共识"，这个共识就认为，转型要成功，必须在这些国家推行市场化、私有化、宏观稳定化，而且这三化的改革必须同时到位才会有效果。如果市场放开了，产权不改革，结果会更糟。或者市场放开了，产权改革了，但宏观上不稳定，结果会更糟。

我国的转型经验和反思

我们从1978年开始的这一次转型，没有按照当时国际上主流的看法。我们是以解放思想、实事求是的方式推行了双轨制渐进式改革。在转型时，给原来优先发展的国有企业提供了转型期的保护补贴，放开了一些过去被抑制的劳动力比较密集产业的准入，并积极因势利导其发展。开始的时候，我国基础设施很差，营商环境很不好，就设立了经济特区、加工出口区等，在园区里改善基础设施，实行一站式服务，创造局部有利条件来克服基础设施和营商环境的瓶颈限制。

20世纪八九十年代时，国际上除了有计划经济向市场经济转型必须把市场经济所必需的制度安排以"休克疗法"一次性建立到位转型才能成功的共识，还有一个共识，就是像中国推行的这种双轨制渐进式转型，同时有市场和政府在配置资源，是最糟糕的制度安排，导致的结果是经济效率会比原来的计划经济还低，问题还多。为什么是最糟糕的制度安排？因为同时有计划和市场，政府的计划价格低，市场的价格高，就会产生套利的空间，滋生腐败，并且导致收入差距扩大。这些现象在我国转型后确实出现了，20世纪80年代最时兴的一个行业叫作"倒爷"，1978年以前没有，1978年开始渐进式双轨改革以后，出现了靠倒卖政府计划物资、赚取计划价格和市场价格价差的行业。而且，倒爷为了得到这些低价的计划物资，就要利用各种关系去寻租，就会导致腐败，同时，带来了收入分配的问题。

80年代时，主流学界反对中国双轨制渐进式改革的主要原因就是这些确实存在的问题，所以，只要我国经济发展的速度一放缓，所谓"中国崩溃论"的声音就会涌现。但是，我国过去40年不仅经济发展快速，而且是同期世界上唯一没有出现经济危机的国家。其他绝大多数社会主义国家和发展中国家则根据主流的"华盛顿共识"来转型，结果则是经济崩溃、停滞、危机不断。而且，我国出现的腐败、贫富差距问题，其他国家也有，且普遍比我国严重。世界银行和欧洲开发银行在苏联、东欧国家和拉丁美洲国家有大量的实证研究证明这一点。研究发现，在推行市场化、私有化、宏观稳定化以后，这些国家的平均增长率比转型之前的60年代、70年代慢，危机发生的频率更高，像腐败、收入差距扩大之类的问题，也比中国还严重。

主流经济学理论为何在帮助发展中国家改造上苍白无力

有一个问题值得我国的经济学界思考。理论是为了帮助我们认识世界、改造世界，为什么主流经济学理论在认识发展中国家、转型中国家的问题时很有力，但是，发展中国家按照这些理论来制定发展和转型政策时却屡屡失败？我认为最主要的原因是这些理论来自发达国家，以发达国家为参照系，忽视了发展中国家跟发达国家的差异是条件不同的内生结果。例如，发展中国家的产业通常是劳动密集型或自然资源密集型，生产力水平低，发达国家的产业集中在资本密集、技术先进的产业，生产力水平高。但是，这种产业结构的差异性是内生因素决定的。发达国家发展资本很密集、技术很先进的产业，是因为发达国家从工业革命以后经过两三百年的资本积累，资本相对丰富，因此，在这种资本密集型产业上面有比较优势。发展中国家的共同特性是什么？资本极端短缺，因此，在资本密集型产业上面没有比较优势。

一个国家若发展那些没有比较优势的产业，导致的结果必然是在开放竞争的市场中，这些产业中的企业没有自生能力，离开了保护补贴就活不了，例如发达国家的劳动密集型加工业和发展中国家的资本密集型产业就是这种情形。可是，在第二次世界大战以后形成的主流发展理论没有认识到各个国家的产业结构是内生因素决定的，只看到发展中国家传统产业的生产力水平低，在没有改变导致内生结果的外生原因时，就去发展先进的资本密集型产业，这样拔苗助长的结果必然是失败的。

在转型时，新自由主义的理论听起来也是非常有说服力的，只要有政府的干预扭曲，必然有资源的错误配置和寻租腐败等，但是，为什么按照那样的理论指导去进行转型，结果导致经济增长的速度比原来慢，危机发生的频率比原来更高呢？最主要的原因是新自由主义理论忽视了原来在转型之前的各种扭曲也是内生的。那些扭曲、干预、保护补贴为什么存在？因为转型前要优先发展的产业资本太密集，这种产业中的企业在开放竞争的市场中没有自生能力，不给保护补贴就活不了。按照新自由主义的思想，要建立像发达国家那样有效的市场，必须同时推行市场化、私有化和宏观稳定化，政府财政预算必须平衡，也就是要把各种保护补贴一次性取消。取消的结果是，原来那些不符合比较优势的产业就活不了，因此就会出现大量的企业破产，导致大量的失业，就会有社会不稳定、政治不稳定的问题，经济也就会崩溃。同时，资本密集型产业有不少跟国防安全有关系，如果不给予保护补贴，那些产业活不了，国防安全也就得不到保障。乌克兰就是这样，它原来可以生产核子弹、航空母舰、全世界最大的飞机，在20世纪90年代转型的时候，为了财政平衡，不给予保护补贴，只能把这些产业全都放弃了，结果怎么样？前几年俄罗斯把克里米亚拿回去，乌克兰一点办法也没有，东边和俄罗斯接壤的地方老是闹独立运动，它也一点办法都没有。

当然，大部分的国家不会天真到把跟国防安全有关的产业都放弃，因此即使把原来的大型国有企业中跟国防安全有关的企业私有化，政府同样要继续给予保护补贴。而且，仔细分析，政府必然会给这些企业补贴，因为这些企业承担着国防安全的需要，我把它称为战略性政策负担。这种政策性负担到底是在产业国有的时候给的保护补贴多，还是在产业私有的时候给的保护补贴多？20世纪90年代我跟国内和国际上的许多经济学家争论，当时学界的主流看法是，之所以给这些企业补贴，是因为它们是国有的。我则认为是这些企业承担着国防安全的战略性负担，只要这个战略性负担还存在，就必须继续给补贴，不管它是国有还是私有。而且，从激励机制来分析，企业国有时厂长经理会说没有补贴企业活不了，厂长经理拿了补贴以后，中饱私囊很难避免，可是直接把钱放在自己口袋里是贪污，被抓到了会被判刑甚至会被枪毙，所以，他们只能偷偷摸摸，小打小闹，不敢明目张胆地做。但是企业变成私有以后，老板不会补贴国家，却会用同样的理由跟国家要保护补贴，国家也不能不给。但是跟国有企业不同的是什么？这些私有企业的老板从国家拿到的补贴越多，放在自己口袋里面的钱就越多。因此，他们会有更大的积极性去寻租，而且寻租的时候会怎么跟政府官员说呢？"反正你给我的钱也不是你自己的，而是国家的钱，为什么不多给一点？我们二一添作五，我在瑞士或者巴拿马设个银行账户，我们两个人共享。"

在20世纪90年代，我这些看法只是理论推论。现在则已经有大量的资料证明这一点，除了世界银行、欧洲开发银行，以及许多苏联及东欧、拉美国家学者的实证研究，两三年前在国际媒体上非常有名的"巴拿马文件"里面有大量记载，苏联、东欧国家和其他发展中国家的经济转型中，企业私有化以后，这种现象非常普遍。

主流的转型理论由于忽视了这种扭曲的内生性，虽然理论模型的逻辑很严谨，根据理论给出的建议很清楚，可是，按这些建议来转型的结果却比原来更糟。我国推行的双轨制渐进式转型，确实如主流理论所预测的那样出现了"倒爷"、寻租腐败和收入分配恶化的问题。但是，由于对原来违反比较优势、缺乏自身能力的企业继续给予转型期的保护补贴，所以维持了稳定，对于符合劳动密集型的产业放开准入，并且政府还积极因势利导，所以经济取得快速发展。这个快速发展带来了资本的快速积累，逐渐地，原来违反比较优势的产业变得符合比较优势，保护补贴的性质就从原来的雪中送炭变成锦上添花。锦上添花对维持稳定没帮助，却会导致寻租腐败和收入分配不均等社会政治问题，所以，2013年十八届三中全会提出全面深化改革，要让市场在资源配置上起决定性作用，它的前提条件就是必须把双轨制时期遗留下来的保护措施都取消掉。

未来理论创新的必要性和方向

现在的主流经济学理论来自发达国家，一般总结于发达国家的现象和经验，为了理论模型的简化和易于处理，经常采用单部门模型，整个经济只有一个部门，发展中国家和发达国家在这种理论模型中只有量的差异，没有质的区别，或者没有结构内生性的概念。于是，这些理论以发达国家的产业、技术、制度等结构作为最优的结构，任何和发达国家结构的差异都被认为是扭曲。由于没有结构内生性的概念，也就不会有扭曲内生性的想法。

这种只看一个部门以及忽视结构差异内生性的主流经济学理论除了在上述发展和转型问题的讨论上，也在经济运行上经常会误导发展中国家，例如 2018 年得了诺贝尔经济学奖的罗默提出的内生增长理论。发达国家的技术在世界最前沿，因此它的技术创新就必须自主发明。自主发明导致的结果是全要素生产率提高，因为全要素生产率衡量的是自己发明的技术所带来的生产力的改进。自己要发明技术，通常有两个要素投入，一个是资本，一个是人力资本。发达国家的资本是相对丰富的，没有瓶颈限制，因此，内生增长理论模型通常不仅是某一个部门的模型，而且，部门中只有一个生产要素，即人力资本。按照内生增长理论，一个国家经济增长最重要、最根本的决定因素就是人力资本的不断提高，并且是全要素生产率越高越好。

这种理论在发达国家也许适用，但是如果拿到发展中国家来，并不适用。发展中国家的技术跟世界前沿的技术还有很大的差距，技术创新可以有两个来源，一个是自己发明技术，一个是引进技术，消化吸收再创新。到底哪种技术创新的方式比较好，就要看哪种方式成本较低，风险较小。从实证经验知道可以引进技术时，引进技术的成本比较低，风险也比较小，技术一般是内化在设备上，引进技术一般需要购买新设备，会计入资本投入，在增长核算时技术进步就不会在剩余项出现，但是，它的成本比较低，经济增长可以更快。到底是经济增长快好，还是剩余项大好？当然是经济增长快好。引进技术也需要人力资本，却跟自己发明技术时所需要的人力资本不完全一样，因此，教育的内容和水平也不应该完全一样，但是在单部门的增长模型里面就很难讨论发展中国家和发达国家促进经济的机制和条件有什么不同，因为这样很容易让发展中国家的学者和政府决策者去追求和发达国家同样的全要素生产率，以及在物质资本有限的条件下单方面追求人力资本的提高。

上述情形在现有的主流理论里比比皆是，例如金融对现代经济运行至关重要，教科书里讨论的金融制度安排一般都是发达国家适用的制度安排，如股票市场、大银行、风险资本、公司债。这种制度安排适合于发达国家资本很密集、技术很先进的产业，生产活动和技术创新需要大量资本投入，风险非常大。可是，发展中国家 70%～80% 的生产活动集中在小型的农户和微型、小型、中型的制造业和服务业。生产用的技术一般是相对成熟的技术，生产的产品也是相对成熟的产品，需要的资本规模非常小，风险主要集中在经营者的能力和信用问题，如果按照主流金融经济学的教科书引进所谓现代的股市、风险资本、大银行、公司债务等，就会使实体经济的特性跟金融安排的特性不配套，金融没有办法服务于实体经济。

总之，现在的主流经济学一般把发达国家的结构作为外生的、给定的最优结构，导致的结果就是 20 世纪五六十年代的结构主义，把发达国家的产业作为要发展的目标。八九十年代转型的时候，许多发展中国家把发达国家的市场经济制度结构当作最优结构，忽视了扭曲的内生性，直接把转型的目标作为转型的手段，导致的结果就是前面讲的，出发点非常好，效果非常差。以主流的现代经济学理论作为经济运行方方面面的指导原则，也同样会忽视发展中国家和发达国家结构特性的差异而不适用。现代经济学的理论要在发展中国家发挥认识世界、改造世界的作用，就要在理论中反映出发展中国家和发达国家结构性差异和扭曲的内生性，并了解这些内生性对经济发展、转型和运行的影响。

新理论需立足于认清内生现象

新的理论来自新的现象，中国过去70年的发展是理论创新的金矿。比较而言，前30年中国跟其他社会主义国家或其他发展中国家没有多大的差异，走的道路也是当时的主流道路，但是过去这40年的改革开放，中国走了自己的道路，创造了人类经济史上不曾有过的奇迹。奇迹就是不能用现有的理论解释的现象，如果用现有的理论来看中国，到处是问题，因此只要中国经济增长稍微慢一点，在国际学界、舆论界就会出现"中国崩溃论"，但是实际上中国不仅没有崩溃，还一直维持着稳定、快速发展。

以中国的改革与发展经验作为理论创新的来源，最重要的是必须了解中国作为一个发展中国家，跟发达国家的结构性差异是什么因素造成的。我们作为一个转型中国家，有很多扭曲，这些扭曲背后的原因是什么？也就是说，这些差异和扭曲都是有原因的，都是内生的。经济学家知道，要成功改变一个内生现象，就必须先改变这些内生现象背后的决定因素，所以，只有把握住一个现象内生性的理论才能帮助人们达到认识世界、改造世界两个目标的统一。这也是为什么这些年我在北大推动新结构经济学研究，倡导以现代经济学的方法来研究一个经济体的结构及结构变迁的决定因素和影响，推动我国的自主理论创新。在总结中国的发展和转型经验以进行理论创新上，我国的经济学家有"近水楼台先得月"的优势，我非常期盼大家一起抓住这个机遇，把结构和其内生性引进现代经济学，对理论的发展做出创新性的贡献，让我们的理论不仅能够帮助我们认识世界，而且能够帮助我们更好地改造世界。

中国经济学家要有
更大的格局[1]

1978 年刚刚改革开放的时候，按照世界银行的指标，我国的人均 GDP 是 156 美元，是世界上最贫穷的国家之一。20 年前，我国的人均 GDP 只有 850 美元，还是低收入国家。2017 年我国的人均 GDP 约 8 836 美元，成为中等偏上收入的国家。之所以能够取得这样亮眼的成绩，主要是靠党中央、国务院的英明决策，推动改革开放，靠全国人民努力奋斗。但在此过程中，经济学家也贡献了智慧。

过去 40 年的成绩很亮眼，不过当前经济运行当中也存在不少问题，包括收入分配的问题、腐败的问题、环境的问题等等。在把中国建设成社会主义强国的过程中，怎样克服体制性问题，抓住时代提供的机遇，继续推动中国经济快速发展？这还需要经济学家深入研究问题，出谋划策。

---

[1] 本文原载于 2018 年 10 月 29 日《北京日报》。

中国经济学家要做政策研究，也要进行理论创新

在我们的改革过程当中，经常出现这种情况，即有些出发点非常好的改革措施，从理论上讲也非常清楚，但推行的结果却常常跟原来的愿望相左，甚至把问题搞得更复杂。

为什么会出现这样的情形呢？不可否认，在改革开放的过程当中，我们总是以发达国家现有的理论和经验来看问题，希望用那些理论和经验作为本国改革发展的参照。

但是我们知道，理论的适用性是有前提条件的，经验的适用性也是有前提条件的。作为一个发展中国家，我们的前提条件当然跟发达国家不一样，跟完善的、完整的理论模型不一样。以那样的理论作为参照，就可能会出现"淮南为橘，淮北为枳"的问题。

经济学家需要深入了解中国的经济现实，从中国的经济现象中了解问题存在的原因、解决问题可以动员的资源、推动改革前进的动力何在等，提出新的理论。这样的理论能够更好地让我们了解，过去 40 年的转型为什么在取得这些成绩的同时还存在这么多问题，怎么才能真正有效地解决这些问题，使我们的理论能够在认识世界与改造世界上得到统一。

现在经济学的理论在发展中国家运用普遍出现的现象是，在认识世界方面好像很有力量，但在改造世界方面苍白无力。作为中国的经济学家，我们所经历的这场改革开放是人类经济史上一个难得的社会实验，从这场实验当中，我们要自己来总结经验，提出新的理论。这也是习近平在 2016 年 5 月 17 日的哲学社会科学工作会议上讲的："这是一个需要理论而且一定能够产生理论的时代，这是一个需要思想而且一定能

够产生思想的时代。我们不能辜负了这个时代。"中国经济学家不能辜负这个时代,在政策研究的过程中,也要进行理论创新。

中国经济学家不仅要关心中国的事,也要关心世界的事

中国的崛起、中华民族的伟大复兴,到底能不能被世界接受,很大程度上取决于中国的发展是不是给其他国家带来共同发展的机遇。这方面我们不仅要做,也要会说,要讲好中国故事。

中国现在是世界第二大经济体、第一大贸易国,到2025年左右将成为高收入国家,那时,我们对世界上其他发展中国家的发展就应该负起更大的责任。

根据我的统计,二战以来,发达国家给发展中国家的发展援助超过了3万亿美元,但是这些被援助的国家真正能从低收入水平进入中等收入水平的非常少,能够从中等收入水平进入高收入水平的就更少。我认为,其中最主要的原因就是中国人讲的"思路决定出路"。因为发达国家在给发展中国家提供援助的时候,通常是根据发达国家自己的理论、思路、经验来做的,尽管出发点可能非常好,但效果却不尽如人意。

中国成为世界上的发达国家后,就要对世界上的其他国家承担更大的责任,我认为应该提出自己的理论。从新结构经济学的角度来看,经济发展是一个结构不断变迁的过程,从农业到制造业到服务业,从低收入水平到高收入水平。在这个转变过程中,从二战以来的经验看,少数几个发展成功的经济体有一个共同的特点,就是都抓住了劳动密集型产业国际转移的窗口机遇期,从农业社会变成现代工业社会。

从这个角度来讲,我们提出的"一带一路"倡议以及过去多年来的

中非合作发展，强调基础设施互联互通，强调产能合作，确实可以给世界上其他发展中国家的繁荣带来一个历史上难得的机遇期。但是，它们要怎么抓住这个机遇期，我们的经济学家可以提供一些理论指导，改变它们的发展思路。

作为中国经济学家，应开展"本土化、规范化、国际化"研究。一方面，我们要继续贡献自己的智慧，推动中国改革开放持续深化，让我国经济能够继续乘风破浪往前进；另一方面，我们也要提出新的理论，让改革发展更顺利地进行，并且以我们的理论、我们的思路以及我们的发展来帮助世界上其他发展中国家发展，而其他发展中国家发展起来后，也同样能为发达国家创造机会，实现百花齐放春满园。

第四章

如何做新结构经济学的研究

为何要研究
新结构经济学[1]

　　什么是新结构经济学？什么是新结构经济学研究？怎么做新结构经济学的研究？这些都是我老生常谈的问题。我经常提出要"强本固元"，上述问题是"强本固元"需要弄清楚的问题，也是抓住新结构经济学这座理论创新金矿给予的时代机遇的关键性问题。我相信如果弄清楚什么是新结构经济学，沿着新结构经济学的理论框架去做研究，就会有很多原创性或开创性研究。

　　而且，经济学理论和任何科学理论一样，目的是帮助人们认识世界、改造世界，这应该是我们作为知识分子研究经济学理论的初心。目前，我没有看到一个发展中国家按照现在国际上盛行的理论去制定政策而成功实现向发达国家追赶的例子，少数几个成功实现追赶梦想的国家和经

---

[1] 本文及本章之后内容为作者2019年2月17日在新结构经济学学术团队内部研讨会上的发言稿，略有改动。

济体在追赶时期推行的主要政策，从当时的主流经济学理论来看是错误的。分析起来不难理解，之所以如此，是因为发达国家的理论来自发达国家，自觉不自觉地把发达国家的发展阶段、社会、政治、文化条件等作为理论的前提或暗含前提，忽视了发达国家和发展中国家在这些前提条件方面的差异，把来自发达国家的理论运用于发展中国家，自然难于实现改造好世界的目标。

如果新结构经济研究也是用主流经济学的理论来看中国存在的问题，或是用中国的资料来检验主流经济学已经存在的理论，我个人认为是"捡了芝麻，丢了西瓜"，难以真正抓住中国改革开放取得的经济奇迹带来的理论创新机遇，从而对经济学的发展做出开创性的贡献。而且，这类研究还可能强化看似逻辑严谨却未触及根本原因，甚至似是而非的理论，误导经济决策和社会舆论，这样的工作有愧于社会给予我们的优厚待遇。

也许有人会说，不沿着主流理论做研究很难发表，但是，任何理论创新一开始都很难被学界接受，都只有在和旧的理论冲突与斗争中披荆斩棘才能前进并得以建立，新结构经济学的理论创新不比任何理论的创新难。即便很难发表，为了让我们的理论研究能够实现"认识世界"与"改造世界"的功能统一，我们也要迎难而上，做正确的事。

什么是新结构经济学

新结构经济学的定义

从定义来说，新结构经济学是用现代经济学通行的研究方法，也就是新古典经济学中以理性人为基本假设的方法[1]，来研究一个经济体（一个国家或一个地区）的经济结构和其转型的决定因素及影响的一个学科。这里所指的经济结构，包括决定一个经济体劳动生产力水平的技术结构和产业结构，以及决定交易费用、影响一个经济体正在生产和使用的产业、技术所蕴含的生产力能否得到最大程度发挥的各种硬的基础设施和软的制度安排的结构。结构的内涵是指具有异质性的因素的组合，例如在单一部门的宏观模型中，就没有产业结构的概念。所以，技术结构

---

[1] 以理性人为基本假设的研究方法，请参考《本体与常无》（北京大学出版社，2012年）中的详细讨论。

是指各种不同技术的组合，产业结构是指各种不同产业的组合，基础设施和制度安排的结构也是指各种基础设施和制度安排的组合，任何一个经济体都是各种子结构层层叠加、相互交错组成的结构。以理性人为基本假设的新古典研究方法是现代经济学的主流研究方法，例如，金融经济学是使用新古典的方法来研究金融的供给、需求和金融市场的运行等，劳动经济学是使用新古典的方法来研究劳动的供给、需求和劳动市场的运行等，新制度经济学是用新古典的方法来研究制度和制度变化的决定因素及影响。从定义来说，新结构经济学和主流经济学的各个子领域不同的是研究对象，使用的研究方法则是相同的。

新结构经济学的定义，除了表明所用的研究方法之外，核心是认为一个经济体的技术、产业、硬的基础设施和软的制度安排等的结构是内生的，不是外生给定的，一个经济体结构的转型也是内生的，因为如果不是内生的就不会有研究其决定因素的说法。同时，经济结构和结构变迁既然是内生的，在研究如何改变经济结构和其影响时，也必须把结构的内生性考虑进去，例如，低劳动生产力水平的结构的影响之一是收入水平低，要提高收入水平，自然有赖于从低劳动生产力水平结构往高劳动生产力水平结构升级，但这种升级要成功必须从改变更根本的决定产业和技术结构的因素着手。同时，不同产业和技术结构的规模与风险等特性可能不同，可以为其生产和交换降低交易费用、减少风险，让产业和技术所蕴含的生产力水平得到最大释放的硬的基础设施和软的制度安排也可能会有不同。

第四章
如何做新结构经济学的研究

为何要研究结构和结构变迁

为何要为研究结构和结构转型,并为其内生化高调地鼓与呼?因为这是现代经济发展的本质,也是现代经济学要研究的最根本、最核心的问题。亚当·斯密于1776年发表了开山之作,经济学才从哲学中分离出来成为一门独立的社会学科,研究的就是什么是财富,以及一个国家财富水平高低的决定因素的问题,本质上就是研究经济发展的问题。亚当·斯密的开山之作现在被简称为《国富论》,全称则是《国民财富的性质和原因的研究》。根据安格斯·麦迪森以及许多经济史学家的研究,在18世纪之前,当时世界上最发达的西欧国家人均GDP的增长每年只有0.05%,要1 400年才会翻一番。从18世纪开始到19世纪中叶,西欧这些发达国家人均GDP的增长突然加速了20倍,增加到每年1%,翻一番所需要的时间从1 400年减少为70年。19世纪中叶到现在,西欧和北美发达国家的人均GDP增速又翻了一番,提高为每年2%,人均GDP翻一番所需时间进一步降为35年。[1]库兹涅茨将西欧等发达国家从18世纪以后出现的经济加速增长称为现代经济增长。[2]

其实,在18世纪之前,用今天的话来说就是"世界是平的"。当时,国家之间人均GDP的差异,像最富的荷兰和最穷的非洲以及亚洲国家之间的差距也就四五倍,国家之间经济规模的差距主要取决于人口规模

---

1 Maddison, A., *Monitoring the World Economy 1820–1992*, Paris: Organization for Economic Cooperation and Development, 1995.

2 Kuznets, S., *Modern Economic Growth: Rate, Structure and Speed*, New Haven, CT: Yale University Press, 1966.

的差距，这就是为何根据麦迪森的估计中国和印度两国经济规模之和在18世纪之前的将近两千年里长期占世界经济规模的50%左右，而中国一国的经济规模在1820年时还占世界的三分之一。在那之前，一个国家的经济增长主要表现为人口的增长，人均GDP水平基本不变，从18世纪开始才出现人均GDP的持续增加。这种人类经济史上巨变产生的原因是18世纪中叶起始于英国的工业革命，带来了技术不断创新、新的附加值更高的产业不断涌现，劳动生产力水平和人均收入水平得以不断提高。但是，工业革命的影响不仅是人均收入水平的持续提高，社会分工和社会结构也开始出现新的分化，同时，由于生产规模扩大、生产流程细化、资本投入增加，也加大了技术、市场和经济的风险，对硬的基础设施的要求越来越高，金融、法律、教育、政府的作用等经济社会政治制度安排也相应有了新的需求，只有各种硬的基础设施和软的制度安排适应于不断升级的产业和技术的需要，才能使交易费用足够低、风险可以被承受，产业和技术所蕴含的生产力得以最大程度地释放。所以，现代经济增长实际上是一个产业、技术、软硬基础设施等各种结构不断转型，不断在更高的生产力水平上调整和相互适应的过程。

把结构内生化的重要性

起始于英国的工业革命逐步在西欧和作为英国殖民地的北美、澳大利亚等国家传播开来，世界上绝大多数其他地区未能发生同样深度和全面的工业革命，于是出现了引领工业革命和工业革命滞后的国家之间人均收入水平差距的迅速扩大，出现了发达的工业化国家和落后的依赖传

第四章
如何做新结构经济学的研究

统手工业和农业的国家之间的"大分流"。[1] 经济是基础，落后就要挨打，人均收入低的地方成了发达国家的殖民地、半殖民地，一直到第二次世界大战以后才纷纷取得政治独立，开始启动自己国家的工业化、现代化进程，以赶超发达国家。

在亚当·斯密撰写《国富论》时，工业革命还处于星星之火的阶段，从亚当·斯密讨论的针工厂是传统的法国手工作坊而不是当时在英国已经出现的更为先进的现代针工厂，可以了解到他并没有观察到工业革命的发生。[2]《国富论》中提出的许多理论论断都是总结自工业革命之前英国或欧洲的经济发展经验。对技术创新和产业升级，一直到1912年熊彼特在《经济发展理论》一书中提出了创造性破坏的概念和理论，才进行了细致的分析和研究。[3]

从亚当·斯密开始，一直到第二次世界大战之前，世界经济学的研究中心在英国，第二次世界大战之后转移到美国，由于近水楼台先得月，也由于英美是当时世界的经济中心，发生在经济中心的经济现象是最重要的经济现象，所以自亚当·斯密以来，经济学家研究的主要是发生在英国和美国这些发达国家的问题，提出的理论也主要是根据这些发达国家的经验现象总结而来。他们的研究通常以发达国家的各种结构为前提，探讨这些结构如何作用和运行，例如财政理论、货币理论、金融学、产业组织理论、劳动经济学、新制度经济学等，或其中一个变量发生变化

---

[1] Pomeranz, K., *The Great Divergence: China, Europe and the Making of the Modern World Economy*, Princeton: Princeton University Press, 2000.

[2] Pattean, Clifford F., "The Manufacture of Pins", *Journal of Economic Literature*, 1980, 18(1): 93–96.

[3] 约瑟夫·熊彼特，《经济发展理论》，邹建平译，中国画报出版社，2012年。

的原因和影响，例如内生增长理论。

对发展中国家如何加快发展以追赶发达国家的问题，一直到第二次世界大战之后，发展中国家取得政治独立，出于指导发展中国家在它们自己政府的领导下开启工业化的需要，发展经济学这门新的子学科才从现代经济学中独立出来。第一代发展经济学家看到发达国家和发展中国家的巨大收入差距，以及发达国家先进的现代化制造业与发展中国家传统的农业和自然资源产业劳动生产率水平之间的差距，认为发展中国家要赶上发达国家，就需要建立现代化的先进制造业。不过存在于发展中国家的现实是，这些先进的制造业无法在市场中自发发展起来，于是第一代发展经济学家就认为这是由于落后的文化、价值观等深层结构因素造成市场失灵的结果，从而主张由政府发挥作用，克服市场失灵，采取进口替代战略，由政府直接动员、配置资源来发展这些先进的产业。

第一代发展经济学家关注到发达国家和发展中国家产业结构的差异给收入水平带来的影响，在政府的直接干预下，发展中国家确实建立起了一些现代化的制造业，但是，这些制造业建立起来以后效率非常低下，出现了莱宾斯坦在20世纪60年代提出的X效率问题[1]。发展中国家建立了这些产业以后发展速度慢，不仅未能赶上发达国家，而且危机不断。现在回过头来看，第一代发展经济学之所以失败，在于未能认识到一个国家的产业结构其实是内生的，在未具备改变内生现象的条件下去拔苗助长，用意很好，却只能以失败告终。

20世纪七八十年代以后，发展经济学式微，经济学界盛行新自由主

---

[1] Leibenstein, H., "Allocative Efficiency vs. X-Efficiency", *American Economic Review*, 1966, 56 (3): 392–415.

义,新自由主义者看到了发达国家和发展中国家政府对市场干预程度的巨大差异,认为发展中国家的经济之所以搞不好是由于政府过度干预扭曲市场,造成资源错误配置和寻租腐败等政府失灵的结果,发展中国家要改善经济绩效必须建立起像(理想化的)发达国家那样完善的市场制度,所以,提出了以休克疗法推行"华盛顿共识"主张的"市场化、私有化、以财政平衡达到宏观稳定化"。从逻辑上来说,新自由主义的分析和结构主义的分析一样是很严谨的,但是,推行的结果是发展中国家在20世纪80年代、90年代的经济增长速度低于结构主义盛行的60年代、70年代,危机发生的频率则相反,究其原因在于,新自由主义忽视了政府的干预扭曲是内生于保护补贴在结构主义时期建立起来的违反比较优势的产业的需要。

上述两个例子说明,在研究发展中国家的问题时,不仅要看到发展中国家和发达国家的产业、技术、软硬基础设施等各种结构的差异性,要使理论能够实现"认识世界和改造世界"目标的统一,还需弄清楚各种"落后"的、"扭曲"的结构的内生性,只有着手改变造成内生现象的外生原因,现象的改变才能水到渠成,获得预期的效果,否则很可能好心干坏事。

为何新结构经济学将要素禀赋作为内生化结构分析的核心自变量

既然结构是内生的,那么是什么因素决定结构和结构转型呢?目前主流文献的研究主要集中在解释发达国家的经济发展过程中为何出现农业比重下降、制造业比重呈现驼峰形、服务业比重不断上升的库兹涅茨曲线，并提供了两种解释。一是谢丹阳等人提出的需求的收入弹性说，农产品、制造业产品和服务业产品的收入弹性不一样，随着收入水平提高，需求结构发生变化，产业发生此消彼长的结构变化。[1]另外一种是德隆·阿西莫格鲁（Daron Acemoglu）提出的不同的技术进步率，随着经济发展，技术进步最慢的产业的就业比重会变大，技术进步快的产业的比重会变小，服务业的技术进步最慢，所以其比重随着经济发展变为最高。[2]

这两种假说的主要目的在于解释发达国家库兹涅茨曲线产生的机制，并且其理论模型推导的结果也能符合卡尔多事实。这样的理论假说对于研究一个发展中国家的人均收入水平以及财富如何随着结构的转型不断增加而言，则有明显的缺陷：第一种收入弹性假说，把收入增长的机制外生化，然而收入持续增长的机制却是现代经济学也是新结构经济学最关心的问题；第二种假说把技术进步的方式外生化，但是，技术进步的方式是提高劳动生产率的关键机制，同样，这样的假说也放弃了我们最想研究的问题。

对于我们想研究的一系列问题，比库兹涅茨曲线和卡尔多事实更重要的是：第一，发达国家和发展中国家的产业结构不一样，发达国家的生产活动集中在劳动生产率水平高的资本相对密集的产业，发展中国家的生产活动集中在劳动生产率水平相对低的自然资源产业（如农业），以及劳动相对密集的制造业；第二，在发展的过程中，各种类型的产业所

---

[1] Piyabha Kongsamut, Sergio Rebelo and Danyang Xie, "Beyond Balanced Growth", *Review of Economic Studies*, 2001, 68: 869–882.

[2] Daron Acemoglu, "Equilibrium Bias of Technology", *Econometrica*, 2007, 75: 1371–1410.

第四章
如何做新结构经济学的研究

使用的技术资本密集度越来越高,同时制造业内部,如著名日本经济学家赤松要提出的雁阵模型所描述的,不断生生灭灭朝资本密集度更高的产业升级;[1] 第三,在发展过程中,硬的基础设施如电力、道路、港口,以及软的制度安排如金融、法律、社会组织、价值观等结构也不断演变。我们需要一个可以把这些不同发展程度国家的结构差异和一个国家随着发展水平的提高所发生的各种结构转型都内生化,并统一在一个理论框架里给予自洽解释的理论体系。要有这样一个一以贯之的理论,则需要找到在一个经济体中属于最根本的、可以作为第一推动力的自变量。

经过30多年的探索,我认为在成千上万的社会经济变量中唯一能够把上述各种环环相扣的内生现象如抽丝剥茧般层层深入解析,或像庖丁解牛一样一刀下去迎刃而解的自变量,就是一个经济体在任意一个时点上给定的、随着时间可以变化的要素禀赋和其结构。

一个经济体在每个时点上的要素禀赋,包括资本、劳动和土地等自然资源,是给定的,[2] 是这个经济体在该时点上整个社会的总预算。不同发展程度的国家各种要素禀赋的相对量不同,越发达的国家资本禀赋相对越多,越不发达的国家资本禀赋相对越少,所以不同发展程度的国家要素禀赋的结构不同。要素禀赋可以随着时间的迁移而变化,资本

---

1 Akamatsu, K., "A Historical Pattern of Economic Growth in Developing Countries", *The Developing Economies* (Tokyo), 1962, 1: 3–25.
2 虽然要素可以流动,但是,相对于存量禀赋而言,几乎可以忽略不计。而且,要素所有者是逐利的,流动到一个地方,只有利用了当地的要素禀赋结构决定的比较优势才能使其要素有最高的回报。所以,要素的流动并不改变新结构经济学提出的一个地方的比较优势和最优产业技术结构是内生决定于该地的要素禀赋结构的论断。

的增加取决于每一期生产所创造的剩余以及剩余中用于积累和消费的比例，劳动的增加则取决于人口增长率，土地等自然资源在现代社会可以假设为不变。要素禀赋增长的速度不一样会导致要素禀赋结构的变化。

从新结构经济学的研究而言，可以假定存在一个可供各个经济体中的生产者选择的、给定的、外生的、资本密集度各有不同的产业和技术集，不同发展程度的国家由于要素禀赋结构不一样，在不同的产业上会有不同的要素生产成本，采用不同技术的成本也不一样，在一个开放、竞争的市场中，要素禀赋结构不一样的经济体会有不同的比较优势。发达国家由于资本相对丰富，其产业会集中在资本相对密集的区段，并且采用资本相对密集的技术来生产；反之，资本相对短缺的发展中国家则会集中在资本使用相对少的劳动密集型和自然资源密集型产业，并采用资本使用相对少的技术来生产。因此，发达国家和发展中国家的产业和技术结构不一样是内生于要素禀赋结构的差异。[1]

同时，对一个经济体来说，从任何给定的要素禀赋结构出发，随着资本的不断积累，比较优势的变化，这个经济体就会像赤松要所描述的那样，不断进入资本更为密集的产业，并且采用资本更为密集的技术来

---

[1] 在上述分析框架中，可用的产业和技术集是外生给定的，但是，一个经济体实际上进入哪种产业和采用何种技术来生产则是内生决定于一个经济体在每个时点的要素禀赋结构。在简化的模型中可以把技术的学习成本简化掉，必要的话也可以像约瑟夫·斯蒂格利茨强调的那样把学习成本和学习能力的问题引进模型中，不过要学习哪种产业和技术才是合适的仍然取决于要素禀赋结构决定的比较优势。另外，产业和技术集是外生给定的设置，对于处于追赶阶段的发展中国家是合适的，但对于产业和技术已经处于世界产业和技术前沿的发达国家，或把发达国家和发展中国家放在同一个框架来分析，则必须将处于世界前沿的技术创新和产业升级按内生增长理论的方式内生化。

生产。[1]并且，随着资本的积累，具有比较优势的产业资本密集度提高，所用的技术也会资本越来越密集，规模经济变得越来越大，市场范围不断扩大，投资需求和风险不断增加，对硬的基础设施和软的制度安排的要求会越来越高。随着收入水平提高，劳动者抵抗风险的能力也会发生变化，社会组织、价值观等也会有相应的改变，只有这些硬的基础设施和软的制度安排能够随着产业和技术升级的需要不断完善，才能降低交易费用，使产业和技术所蕴含的生产力得到最大释放。所以，各种硬的基础设施和各种软的制度安排是内生于产业和技术结构，而产业和技术结构则内生于要素禀赋结构。[2]

上述分析框架不仅和马克思历史唯物主义"经济基础决定上层建筑、上层建筑反作用于经济基础"的基本原理一脉相承，而且，扩展了历史唯物主义在现代经济中的运用。按历史唯物主义的观点，经济基础是由生产力以及和生产力相适应的生产关系组成，但是，生产力是由何决定？在马克思主义中没有讨论，从新结构经济学的视角来看，实际上是跟一个经济体的主要产业有关，如果这个经济体的主要产业是土地和劳动力都密集的传统农业，或者是劳动力很密集的轻加工业，这样的产业

---

1 Akamatsu, K., "A Historical Pattern of Economic Growth in Developing Countries", *The Developing Economies* (Tokyo), 1962, 1: 3–25.
2 上述论述侧重于供给侧，强调了一个经济体的要素禀赋结构对其产业、技术和软硬基础设施的决定性作用，这是否意味着需求侧和其他因素对产业、技术和其他结构没有影响呢？当然不是，例如，在一个一般均衡的模型中，除了要素禀赋结构之外，偏好对产业结构也会有影响，不同产业有不同的技术进步速度也会有影响，只不过收入水平是内生于产业技术水平的提升。而且，像加里·贝克尔主张的那样，人的偏好特性是外生的给定的，技术进步的有偏性也是外生的、给定的。只有要素禀赋结构能够给予前述的三个经验事实一以贯之的解释。

结构生产力水平低，劳动生产率和劳动者的工资水平也就低。靠劳动获取生活资料的劳动者在生存线边缘挣扎，有工作就能生存，没有工作就活不了。资本拥有者比较富有，远离生存线，在资本和劳动的关系中就处于有利的地位，劳动者除了在偶尔团结起来发生革命时之外，与资本家讨价还价来维护权利的能力弱，就容易处于被剥削的地位。反之，如果一个经济体的主要产业是资本密集型，生产力水平高，这样的产业劳动生产率和工人的工资水平也会高，劳动者会有积蓄，一年半载不工作也能活命，资本家不雇用工人则无法获利，因此，在劳动者与资本家的谈判中，天平往劳动者倾斜，劳动者的权益和地位上升。

但是，什么因素决定一个国家以劳动力密集的产业或以资本密集的产业为其主要产业？是新结构经济学所主张的要素禀赋结构。同时，资本密集度不同的产业，其规模经济、分工程度和风险特性不一样，和其相适应的作为上层建筑的各种制度安排也如前面所述会有差异。因此，经济基础决定了上层建筑，只有上层建筑的制度安排满足经济基础的需要，交易费用才会低，产业和技术所蕴含的生产力才能得到最大的释放，所以，上层建筑反作用于经济基础。

除了要素禀赋，一个经济体还有很多种不同的禀赋。因为禀赋的定义是，一个当前给定的、对决策者的决策有影响的变量。按这样的定义，一个经济体的劳动者在目前的生产、生活、社会互动中会形成一定的技术资本、人力资本、社会资本、社会网络，一个经济体所拥有的基础设施和作为上层建筑的社会、经济、政治组织、文化、风俗等，以及其地理位置、气候等也都是禀赋。

既然这么多变量都是禀赋，为什么我认为要素禀赋是最重要、最根本的禀赋呢？这不仅是因为其他类型的禀赋已经被很多人研究过了，再从这些因素入手做研究，只是印证现有理论的观点，更重要的是，现有的研究忽略了要素禀赋结构对产业、技术结构和软硬基础设施的决定性作用。

以广为研究的社会资本为例，社会资本对发展有没有贡献？什么时候社会资本才有贡献？我认为社会资本有贡献是因为某种制度安排缺失，这时社会资本可以替代那些制度安排来使生产活动得以实现。举例来说，由于信息不充分、不对称，拥有社会资本的社会群体可以通过比较好的互信，克服信息不充分、不对称的问题。在金融不发达或者金融扭曲的地方，某一地区的金融可得性不足，这时社会资本所增加的人的互相信任就可以通过相互赊欠来弥补金融供给的不足；另外，在法律制度不健全，合同的权利和义务无法依靠法律来保障时，社会资本可以使市场交易得以进行。但是，社会资本支持发展起来的产业并不会违反当地的要素禀赋结构所决定的比较优势。比如，温州以拥有高社会资本闻名，早期发展的产业同样是劳动密集型产业。而且，一个地方即使缺乏社会资本，例如广东，在政府的招商引资、筑巢引凤下同样也可以把劳动密集型产业发展起来，因此，要素禀赋结构所决定的比较优势是第一位的。其他禀赋的作用也一样，具有某种特殊禀赋的地方有可能比其他地方更快或更容易地把当地具有比较优势的产业发展起来。

由于要素禀赋结构在结构分析中的关键地位，将来如果有"中国学派"或是"北大学派"，我认为这个学派的特点就是在思考问题时都有一个共同的切入点，那就是以一个经济体的要素禀赋结构作为分析的切入点，来内生化产业、技术和软硬基础设施等其他结构，并研究这些结构的影响，在此基础上再讨论其他禀赋或因素的作用和影响。

要素禀赋和其结构在经济学的分析中具有这么重要的地位，想清楚了也不奇怪，这是因为一个经济学的理论不管多复杂，分析一个现象时，不是用收入或预算效应，就是用相对价格或替代效应来解释。要素禀赋是一个经济体在某一时点上的总预算，而其结构则决定了在那个时点的要素的相对价格，也就是要素禀赋和其结构同时包括了解释社会经济现象时的两个最重要的参数。

以要素禀赋和其结构作为一个经济体内生化结构分析的第一要素，还有一个好处就是，因为它们在每个时点上是给定的，随着时间变化是可变化的，把它们作为结构分析的起始自变量，不会像德隆·阿西莫格鲁那样陷入历史命定主义之中，认为500年前白种殖民者在拉丁美洲不适应当地气候及地理条件导致死亡率高让拉丁美洲国家形成攫取性制度安排，进而经济发展不好。[1]

在新结构经济学中，我们强调一个经济体只要政府发挥因势利导的有为作用，在市场经济中为企业家消除软硬基础设施的瓶颈限制，要素禀赋结构决定的具有比较优势的产业就会变成国内国际市场上的竞争优势，这个经济体就能快速发展起来，缩小和发达国家的差距，在一两代人的时间内变成一个高收入经济体。

---

1 Acemoglu, D., Johnson, S. and Robinson, J. A.,"The Colonial Origins of Comparative Development: An Empirical Investigation", *The American Economic Review*, 2001, 91: 1369–1401.

什么是新结构
经济学研究

从一个经济体的结构内生化及其影响来研究该经济体的发展、转型,以及从不同发展程度国家结构的内生差异性的视角来探讨与经济运行有关的现代经济学的各个子领域的研究,都属于新结构经济学研究。

经济发展

发展的问题主要是研究一个经济体如何从生产力水平低的产业、技术、软硬基础设施的结构,升级到生产力水平高的产业、技术、软硬基础设施的结构,以及这种结构升级带来的对就业、收入水平、收入分配、软硬基础设施的影响。由于各种结构环环相扣又是内生的,是由要素禀赋结构的升级来驱动的,那么就要研究如何提升要素禀赋结构,也就是提高人均资本的拥有量。

新结构经济学的主张是在市场经济中政府发挥因势利导的作用,消除软硬基础设施的瓶颈制约,帮助企业家将根据要素禀赋结构而言具有(潜在)比较优势的产业,迅速变成具有显示性比较优势或竞争优势的产业。首先,在发展上可以研究政府如何甄别具有(潜在)比较优势的产业,如何甄别和克服软硬基础设施的瓶颈限制,政府如何给创新企业家提供激励,要素禀赋以外的其他禀赋如何发挥作用,比如原有产业所形成的技术资本如何造成产业发展的路径依赖;其次,研究人均资本拥有量提高推动产业技术结构升级以后,如何进一步从供给和需求两方面推动硬的基础设施和作为上层建筑的各种制度安排在现有基础上的内生变动;再者,也可以研究上述各种结构变动对分工、收入、分配、家庭、社会、政治、规范、价值、理念等一系列要素的影响;最后,研究在这些结构的变迁中,市场、政府、企业家、社会组织等的作用。上述几个层次的问题都可以建立数理模型,提炼出可验证的假说,然后收集国别、地区、企业和家庭的数据来验证假说。

研究经济发展时,发展中国家和发达国家有一个根本性的差异,就是发达国家的产业、技术处于全世界的前沿,技术创新和产业升级都只能依靠自己的发明,而发展中国家多数产业技术与世界前沿有差距,在技术创新和产业升级时有后来者优势,这种后来者优势也存在于各种制度安排的创新上。当然在利用后来者优势时,选定升级的产业、技术、制度安排也必须符合比较优势的原则,否则,可能就变成了赶超,结果要发展的产业中企业没有自生能力[1],或引进的制度安排不能提高效率、公平、社会和谐等,欲速则不达。这方面也可以通过构建理论模型和实

---

[1] 林毅夫,《经济发展与转型:思潮、战略与自生能力》,北京大学出版社,2008年。

证资料来检验。

经济转型

转型的问题主要是研究一个结构有扭曲的经济体如何消除扭曲变成一个各种结构环环相扣且都没有扭曲的经济体。扭曲可以发生在产业、技术、硬的基础设施和各种制度安排的层面上，可以用理论模型和经验实证来研究扭曲产生的原因、扭曲的后果和如何有效消除扭曲。

在转型研究上，新结构经济学和主流的研究有两点不同。

首先，由于产业、技术、软硬基础设施等的最优结构是内生于各个经济体的要素禀赋结构，因此，扭曲与否是跟自己的"最优"状态比较而言，而非像现在主流文献上的流行做法那样把凡是和发达国家有差异的都当作扭曲来对待。并且，转型的目标不是发达国家的制度，而是适应于自己发展阶段的产业和技术所需要的制度。这方面可以做的题目很多，我们可以把那些发表在重要的杂志上、有影响的文章拿来，比较我们定义的"扭曲"和他们定义的"扭曲"的差异，用他们所用资料重新验证计算，比较其结果。

其次，既然扭曲是内生的，那么，消除扭曲要达到预期的效果，就不能像把扭曲当作外生的主流文献那样，认为去掉扭曲就可以，而是必须针对扭曲产生的原因，创造合适的条件以消除那些原因，然后才能水到渠成地去掉扭曲使结构恢复到最优。

仔细了解新结构经济学对"休克疗法"和"双轨制渐进式改革"的论述，就可以了解把扭曲当作内生和外生导致的转型结果为何不同。这方面可以做的理论和实证研究的题目也非常多，例如：为何"休克疗法"

导致经济崩溃而"双轨制渐进式改革"却带来经济的稳定快速发展?"华盛顿共识"把取消预算软约束、消除财政赤字以实现"宏观稳定化"作为转型的三大改革内容之一,但是,在多数国家实行"休克疗法"的结果却是预算软约束越来越严重,出现了恶性通货膨胀,而继续维持预算软约束的国家反而宏观经济稳定,在转型期避免了高通货膨胀,这是为什么?私有化的改革在中小国有企业一般效果好,在大型国有企业一般效果差,为何会有这种差异?多数发展中国家受到主流思潮的影响,金融结构模仿发达国家而不是"最优的",金融扭曲如何影响产业结构、经济增长和收入分配?金融结构有扭曲,如何消除才能维持稳定并改善经济绩效,包括经济增长和收入分配?⋯⋯

经济运行

现代经济学的各个子领域,包括货币、财政、金融、劳动、产业组织、制度、区域、环境、国际发展等,研究的主要内容是经济如何运行。从亚当·斯密以来,对这些子领域的研究基本上都是基于发达国家的问题和现象,在总结其背后的道理成为理论时,由于理论越简单越好,人们通常从众多的社会经济变量中"抽象"出几个能够解释所观察现象的变量,用这几个变量来构建一个具有因果关系的模型,舍象了其他和这个现象没有直接关系的变量,也就是说任何一个理论模型其实都内嵌于被舍象的诸多变量之中,这些没有直接关系的变量就成了这个理论的暗含前提。当这些被舍象的变量发生变化,适用的理论也就可能发生变化。

例如,凯恩斯主义宏观经济产生于20世纪30年代经济大萧条之时，内嵌于产能过剩和不充分就业的结构环境之中，到了 60 年代，产能过剩和不充分就业的情形在美国和其他发达国家基本已经不存在，凯恩斯主义的扩张性财政和货币政策也就不能带来就业和经济增长率的增加，得到的结果只是滞胀，因此，凯恩斯主义的宏观经济学到了 70 年代就被反对政府积极财政和货币政策的理性预期学派宏观经济学取代。

因为暗含的结构有差异，发达国家的主流理论在发展中、转型中国家不适用的情形可以说比比皆是。例如，宏观经济学的新古典理论，包括理性预期学派，认为提高利率是治理通货膨胀的最优政策选择，其暗含前提是这个经济体不像社会主义国家或转型国家那样，存在大量需要低息补贴才能生存又不能倒闭的战略性企业；又比如，新增长理论认为创新等于新知识的产生，只能从自主研发或自己的工作经验中获得，并研究其成功的条件和影响，暗含前提则是这个经济体的产业、技术已经处于世界产业、技术的前沿，但对有后来者优势的发展中国家来说，更好的创新机制可能是引进、消化、吸收，不能因为新增长理论只研究自主创新或从干中学来获得新知识，发展中国家也就只能依样画葫芦。

总而言之，自亚当·斯密的《国富论》以来，现在的主流经济学理论来自发达国家现象的总结，是内嵌于发达国家的产业、技术、制度、文化的结构之中，所以，实际上研究的是生产力水平一直处于世界前沿的发达国家的经济运行原理。受到现代经济学训练的经济学家由于缺乏对不同发展程度国家结构差异和差异内生性的认识，以为适用于发达国家的经济运行理论也适用于发展中国家，才会有那么多美国顶级大学的经济学家拿着经济学的教科书到处指点江山，却不知理论的适用性取决于理论的前提条件，在发达国家构建理论时被舍象的许许多多社会经济变量在发展中国家不见得相同。然而，这些不同的社会经济变量使理论成立的前提发生了变化，把发达国家的经济运行原理运用在发展中国家，产生"淮南为橘，淮北为枳"的结果也就不足为奇了。

发展中国家和发达国家的经济运行，在一些根本原则上会有"共性"，例如，经济发展有赖于创新，金融应该服务于实体经济，财政政策有反周期的功能，等等。但是，在具体的措施上，由于发达国家和发展中国家的产业、技术等有内生的差异，其规模、风险特征以及和世界产业、技术前沿的差距有差别，对各项硬的基础设施的发展水平和需求，以及合适的软的制度安排的要求也有差异，因此，在经济运行上也会有"殊性"。例如，同样以创新推动经济增长，发达国家主要靠自主研发来获得新技术，发展中国家则可以从发达国家购买新的嵌入了更好技术的设备来获得新技术，前者在增长核算中会表现为剩余项或全要素生产率，后者则由于资本的增加而不表现为经济的剩余，但并不代表没有技术创新，而且，其实是以更低的成本和风险获得了技术创新。发达国家在运用财政政策做反周期的基建时，由于基础设施已经存在，大多时候是挖个洞补个洞，对提高增长潜力作用有限，可能出现"李嘉图等价"的问题，发展中国家则可以运用反周期财政政策来消除基础设施的瓶颈，提高增长潜力，破除"李嘉图等价"对财政政策运用的限制。这样的案例不胜枚举。挖掘、探索清楚这些发达国家和发展中国家的结构差异导致的经济运行的"殊性"是使经济学理论在发展中国家运用时，实现认识世界与改造世界的统一的必要前提，也是新结构经济学要致力的方向。

在研究任何发展中国家的经济现象和问题时，我希望不要像现在学界惯常做的那样以发达国家为参照系，把发展中国家和发达国家的差异

第四章
如何做新结构经济学的研究

都看成可以也应该消除的扭曲。而是要先问问发达国家和发展中国家从要素禀赋、产业、技术到各种制度安排层面的结构有什么不同,这些不同产生的原因是什么,如何从要素禀赋结构这个根本的自变量出发推导出内生的产业、技术、软硬基础设施,以及从不同层面结构变迁自发协调的滞后性和政府过去好心干坏事导致的许多内生扭曲等视角来看,对照现在主流的观点,有什么新的认识。凡是以这种方式来研究经济问题的,都属于新结构经济学研究。

其实,把发达国家和发展中国家结构的差异性和内生性引进现代经济学以后,等于将现代经济学从以发达国家的结构为暗含结构的二维经济学变为不同发展程度的国家有不同结构的三维经济学,系统研究的结果会在各个子领域有许多新的重要理论见解,产生新结构货币经济学、新结构财政经济学、新结构金融学、新结构劳动经济学、新结构产业组织学、新结构环境经济学、新结构区域经济学、新结构制度经济学、新结构政治经济学,这也是为什么新结构经济学不仅是发展经济学、转型经济学的一场结构革命,也是现代经济学的一场结构革命,我们现在正处于这场革命爆发的前夕。[1] 我很高兴看到新结构金融学已经有了不少研究成果,并逐渐成形。我期盼新结构经济学的研究者在自己所属的子领域里都能按照上述建议,在做研究时都自觉把发达国家的结构差异性和内生性,以及存在扭曲时扭曲的内生性等,放在理论模型的构建和实证检验中,这样才有可能成为各新结构经济学子领域的开创者。

---

[1] 新古典经济学通过边际革命解决了古典经济学解决不了的价格决定的问题,新结构经济学则在边际革命的基础上通过结构革命解决新古典经济学解决不了的生产方式如何决定的问题。

怎么做新结构
经济学的研究

做新结构经济学的研究,应该把结构的内生性引进理论分析,使二维的主流经济学变成三维的经济学,来推动现代经济学的结构革命。主要有如下几个原则。

从现象出发,而非从理论模型或流行的研究方法出发

理论是认识世界、改造世界的工具,重要的理论揭示了重要现象背后的因果逻辑,使得人们能够了解这个现象,进而能够对症下药改造这个现象。任何现有理论的运用都是"刻舟求剑",因为这些理论都是过去的经济学家总结他所观察到的现象构建出来的。新结构经济学的研究要从现象出发,而不能从现有的理论模型或流行的研究方法出发,不能因为对某个理论比较熟悉,就拿这个理论去套新观察到的现象,或是在这个理论模型上加个变量、减个变量,将之改写成一个新的模型,也不能因为某种研究方法用

起来比较得心应手或比较流行，就找能使用这个研究方法的问题来研究。

从现象出发，一定要把现象的来龙去脉、谁是这个现象的主要决策者、所要达到的目标、可动员的资源、不可绕过的限制条件等了解清楚，不能只看到表层，比如看到了国有企业效率低、出现了通货膨胀等，在未深入了解现象的内生性时，就去写模型、做实证了。

从现象出发首先必须对观察的现象有兴趣，因为理论都是在解释现象背后的因果机制，如果两耳不闻窗外事，即使有许多有趣的现象在我们的身边发生，我们也不会发现。

其次，要吃透现象，把复杂的现象背后的因果机制用最简单的、最根本的经济学逻辑来解释。我在芝加哥大学时参加研讨会，那些老师总是先问论文的发表者对研究的问题的经济学直觉是什么。所谓经济学直觉，就是要一眼看穿是收入效应还是相对价格效应影响了决策者的选择，而不是一开始就谈理论模型。理论模型固然重要，但是理论模型是根据经济学直觉来构建的，只有把经济学直觉搞对，理论模型才有意义。而要搞对经济学直觉，就要把要研究的现象是收入效应还是相对价格效应影响了决策者的选择弄清楚。一个好的研究者要对现象感兴趣，看到一个有趣的现象要不断兴高采烈地讲故事，通过讲故事，把现象背后谁是决策者、影响他做决策的到底是收入效应还是相对价格效应、这个效应如何导致了这个现象的逻辑弄清楚。

养成讨论真实世界现象的氛围，碰到同行或对这个现象可能有所了解的人，就把自己的看法讲给他们听，和他们讨论，直到自己的经济学直觉很清晰，所讲的故事别人挑不出逻辑的漏洞，根据自己构建的因果逻辑进行各种推论也和各种已知的事实不矛盾，才开始看文献，构建理论模型。在观察现象时多找人讨论是很重要的，因为其实每位学者做研究都是盲人摸象、雾里看花，只有多讨论，才能尽可能吃透现象，摸清背后谁是真正决策者，他面临的限制条件是什么，导致他的选择的收入／预算效应或相对价格／替代效应是什么。

秉持"常无"心态

面对现象，秉持"常无"心态就是不以任何现有的理论和经验来看现象，要自己吃透现象，自己把现象背后的因果逻辑想通。发现一个现象时，在自己想通前不去看现有的文献是保持"常无"心态的一个重要法门，否则容易对号入座，认为这个现象是某个现有理论所揭示的因果机制造成的。以"常无"的心态来研究现象有两种可能的结果：一种是提出的解释和现有文献里的解释不同，那就是提出了一个有原创性贡献的理论；另外一种是提出的解释在现有文献里已经有了，这也无碍，既然已经对这个现象的因果逻辑有所了解，应该也清楚有哪些资料可用，那么，就不难写出检验现有理论的实证文章。

对我们这些一开始就学了西方主流经济学教科书，尤其在国外受到严格训练后回国的人来说，尤其要警惕"对号入座"的倾向。中国作为一个发展中、转型中国家，确实存在很多问题，用在国外学习到的理论似乎能把导致问题的原因讲得很清楚，于是我们不知不觉就"对号入座"了。例如，看到国有企业没有效率就认为是产权的问题，认为私有化就能把问题解决了，但是，这种流行的看法是不是抓到了国企效率低这个现象背后真正的原因？对于大型国有企业效率低的问题，不难从现有的产权理论逻辑构建一个模型，说明在国有体制下，所有者不是经营者，没有剩余索取权，经营者的积极性和企业的效率就会低，亏损了，国家

第四章
如何做新结构经济学的研究

只好承担下来而有了预算软约束。这样的解释逻辑一环扣一环，似乎很有说服力，然后有人看到国企的经理积极性果然不高，效率果然低，有亏损时国家不会让企业破产而是给它兜底，就对号入座，认为国企效率低和预算软约束是国有产权造成的问题。这样的文章因为和主流的理论观点一致，在学术期刊上容易发表。可是，真的是这样吗？

　　一个理论无非讲的是几个社会经济变量之间的逻辑关系，存在于真实世界的社会经济变量很多，一个现象如果能用一个逻辑自洽的理论来解释，也必然能够选取不同的社会经济变量构建其他逻辑自洽的理论来解释。例如，从新结构经济学的视角来看，一个经济体具有比较优势的产业是内生于该经济体的要素禀赋结构，而大型国有企业一般是在资本很密集的产业，这样的产业违反比较优势，在开放竞争的市场中，企业没有自生能力。国家之所以会投资这样产业中的企业并让其继续经营下去，是因为这些产业关系到国防安全或国计民生，因此，这些企业承担了国家赋予的"战略性政策性负担"，有了政策性负担，就会有政策性亏损，政府必须为政策性亏损负起责任，就会有政策性补贴。由于政府不参加经营，在实际政策负担造成的亏损上信息不对称，只能把所有的亏损，包括经理道德风险或是无能、不积极所造成的亏损，都承担下来，导致了预算软约束现象和国有企业经理人员改善经营的积极性不高等现象。

　　这两种解释的逻辑都是自洽的，但是政策的含义完全不一样。如果国企的问题是产权造成的，那么，将其私有化就解决了。[1] 但从新结构经济学的角度来看，在政策性负担不消除的情况下，私有化反而会造成寻租

1　Lin J Y, Tan G F, "Policy Burdens, Accountability, and the Soft Budget Constraint", *The American Economic Review*, 1999, 89(2)：426–431.

腐败等更为严重的问题。20世纪90年代初，在苏联、东欧国家开始转型时，劳伦斯·萨默斯和杰弗里·萨克斯等都支持私有化，是因为他们确信国有企业的问题是国有产权引起的。但是，结果怎样呢？各种实证研究发现，那些大型国有企业私有化以后，如新结构经济学的预测，普遍拿的补贴比过去更多，被利益集团捕获的问题比原来更严重。所以，看问题的时候，要避免从现有的理论来看世界，包括自己过去提出的理论。一定要用"常无"的心态直面现象，从真实世界的现象去探索背后的逻辑，不然很容易"对号入座"。

我有一次到莫斯科参加会议，发现国内和俄罗斯的经济学界有一个很大的差异，国内的经济学界基本上还是新自由主义的观点当道，俄罗斯学界则对新自由主义有很多反思。我想原因在于俄罗斯推行了新自由主义，深受其害。我国因为没有推行新自由主义，存在的许多问题从新自由主义的角度大多可以提出一个自圆其说的解释，在缺乏"常无"思维的训练时，很容易"对号入座"地接受新自由主义的观点。

不从现有的理论来看真实世界，是成为一位具有原创性理论的经济学家的前提条件，也是抓住这个时代给予我们的机会的必要条件。而且，反过来讲，如果不这样做，我们的研究还可能强化了一些似是而非的流行想法和错误的政策思路，以及舆论环境，对一位有社会责任感的经济学家来说，这是一个大是大非问题。

回归对现象的本质和决定因素的探索

我常说的回归到亚当·斯密，不是回归到《国富论》里提出的各种理论论断，而是回归到亚当·斯密得到那些论断的方法。这是"鱼"与"渔"的区别。亚当·斯密研究问题的方法一清二楚地写在他的书的全称

第四章
如何做新结构经济学的研究

上,《国民财富的性质和原因的研究》,也就是对国民财富的本质和决定因素的探索。亚当·斯密想研究的是国民财富如何增加,整本书讨论的是国民财富的本质是什么,他所处时代、所在社会的财富水平由什么因素决定,并由此得出他的论断。我们想成为有原创的经济学家,要研究任何现象,同样要先弄清楚这个现象的本质是什么,我们这个时代、这个社会的决定因素是什么。

1988年,我从主流经济学理论的镣铐中解放出来,之后一直坚持这种思考问题的方法。1988年有两件事让我顿悟。1987年我从芝加哥大学回到国内工作,1988年国内出现前所未有的高通货膨胀,国外理论都认为应该提高利率来治理通货膨胀,但是,国内推行的是治理整顿,不调整利率,而是用行政办法砍投资、砍项目来压需求、降通胀。另外一件事是,我在国内当研究生时学到的理论都说计划经济是社会主义的特性决定的,那年我到印度去参加会议,印度不是社会主义国家,是以私有产权和民主宪政为基础的市场经济国家,但是也有计委,而且印度计委和我国的计委讨论的是同样的问题。这两件事情让我突然明白,理论的适用性取决于理论的前提条件,以及一个现象可以用一个理论来解释,也可以用其他理论来解释,不是任意一个自洽的、能够解释某个现象的理论就是揭示这个现象真正原因的理论。慢慢地我把当年顿悟后思考问题的方式总结为以"一分析、三归纳"的方式来探索"问题的本质和决定因素"的方法。

计划经济的本质是什么?是政府用行政手段来配置资源。放手让市场来配置资源对政府来说不是更省事吗?为什么政府要自找麻烦,劳心劳力地去配置资源?政府需要直接配置资源到某些产业,造成政府对价格有许多干预扭曲,供给和需求不平衡,但为什么要扭曲?是现在主流文献上说的政府被利益集团捕获所致吗?中国这样的社会主义国家的利益集团和印度那样的资本主义市场经济国家的利益集团显然不同，怎么会有同样的制度安排？仔细思索不难发现，是因为在二战后摆脱殖民地、半殖民地地位以后的印度和中国都想快速追赶发达国家，以致超越阶段去发展违反比较优势的资本密集型产业，这种产业中的企业不具有自生能力，只能靠扭曲各种要素和投入品的价格给予补贴，价格扭曲导致供需不平衡，就只能用行政手段根据计划来配置资源，保证廉价的资源要素会被配置到政府所要优先发展的产业。因此我想通了，产业结构内生于要素禀赋结构，不管是什么社会性质，若想拔苗助长，只能依靠政府对市场的各种干预扭曲和直接配置才能实现。

理论的适用性取决于理论所暗含的前提条件是否存在，也是我在1988年想通的，根据我在芝加哥大学受过的理论训练来说，解决通货膨胀，应该提高利率：提高贷款利率，投资成本增加，就会减少投资需求；提高利率也会增加储蓄意愿，减少当前消费。投资和消费减少，总需求下降，通货膨胀率就下来了。而且这样做很好，好的项目能付得起高的利率，会被保留下来，坏的项目就会被淘汰掉，有利于资源的有效配置。中国当时不这么做，好像很不理性。但后来我认识到这是因为限制条件不一样，当时中国有许多资本密集、违反比较优势、缺乏自生能力的国有企业，没有廉价资金的支持，这些企业根本活不了。如果提高利率，它们全部都会严重亏损，如果它们破产垮台，那社会稳定怎么办？国防安全怎么办？不让它们破产就只能由财政给予补贴，财政赤字就会增加，当时财政和货币是互通的，财政赤字增加只能靠增发货币来弥补，货币供给增加，通货膨胀就又来了。所以，了解决策者所面临的限制条件以后就会发现，看似不理性的选择，其实是理性的选择。

在那之后，我就放弃了用现有的理论来解释中国现象的做法。碰到

第四章
如何做新结构经济学的研究

一个现象，自己想清楚谁在做决策，所要达到的目标是什么，可动用的资源有哪些，限制条件又是什么，有哪些可供选择的方案。也就是抱着"常无"的心态，根据经济学的"本体"，自己来分析所观察到的现象。如果，决策者的选择从现有的理论来看好像"不理性"，那一定是我们自己对决策者的限制条件不够了解，此时要站在决策者的立场来看问题，进一步下功夫去看决策者有哪些可动员的资源，有哪些不可逾越的限制条件。所以，碰到看似"不理性"的现象时要感到很兴奋，因为这正是提出新的原创性理论的机会。

在《本体与常无》那本方法论对话集里，对如何秉持理性人的"本体"以"常无"的方式来观察现象，我归纳成"一分析，三归纳"。所谓"一分析"就是根据事物的本质，以演绎的方式分析所要研究的现象谁是决策者，要达到什么目标，有什么可动员的资源，又面对什么不可逾越的限制条件，存在哪些可行的选择。"三归纳"则是历史纵向归纳法、当代横向归纳法和多现象综合归纳法。

以计划经济的形成为例，从"一分析"来说，其本质上是政府用行政手段来配置资源。那谁是这个体制的决策者？是政府。想达成什么目标？建立起一套完整的资本密集、技术先进的现代化工业体系。可动员的资源是什么？一穷二白的农业经济。限制条件为何？资本极端短缺。可选择方案为何？市场配置或政府直接配置。在开放竞争的市场中这种产业违反比较优势，企业有没有自生能力，企业家不会自发去投资，即使因为信息或决策失误而投资建了工厂，也不会有意愿继续经营下去，所以，显然靠市场配置资源无法把这种产业建立起来。因此，只能靠政府直接动员资源来投资，并给予保护补贴来维持其经营。如果这套产业的规模占GDP的比重很低，像发达国家的军工产业那样，政府可以采用财政直接补贴的方式来实现其目标。但是在发展中国家，相对于全国的 GDP 而言，要发展的产业的规模非常大，财政直接补贴受到税收能力的限制，就只能用扭曲价格的方式来暗补。价格扭曲以后，凡是价格被压低的那些要素和产品都会出现短缺，有短缺就要有计划，用行政手段根据计划来配置资源，才能保证有限的资源会被配置于要优先发展的产业，于是形成了《中国的奇迹》那本书里所描述的宏观价格扭曲、资源计划配置、微观企业没有任何自主权的"三位一体"的计划体制。

用历史纵向归纳法来理解，过去计划经济被认为是社会主义性质决定的，然而，苏联的计划经济是从 1929 年才开始的，1918 年到 1929 年是市场性质的新经济，并没有计划经济，所以，并不是社会主义就一定要推行计划经济。在 1929 年发生了什么变化？斯大林开始推动发展重工业，过去没有优先发展重工业，现在要优先发展重工业，那么，计划经济体制必然和重工业的优先发展有关。当时，苏联也是一个资本短缺的农业经济国家，因此，就像前面分析的那样，只能用计划体制来实现这个目标。在中国也是这样，革命战争期间的宣传说社会主义会是民族资本家的天堂，为什么新中国成立后却开展了公私合营运动？因为发展目标变了，从 1953 年开始推行重工业优先发展，需要扭曲价格才能把重工业建立起来。民族资本家拿了低价的物资去从事生产，利润归民族资本家，没有办法保证那些利润会优先投资于要发展的重工业，所以，就只能将民族资本家逐步取缔。这是历史纵向归纳法的理解。

第二个方法是当代横向归纳。中国和印度有不同的政治体制，怎么会都有计划经济体制？再往远一点看，拉丁美洲的资本主义国家在 20 世纪 50 年代、60 年代的经济管理体制跟社会主义国家也很相似，比如都有金融抑制，对投资、金融、外汇都要管制和配给。这些不同社会性质的国家有什么共同的地方？苏联和中国的斯大林模式、印度的重工业优先发展，以及拉丁美洲国家的进口替代战略，名称不同，目的其实都是相同的，都是为了在资本相对稀缺的条件下优先发展违反比较优势的重工业。所以，可以用这种跨国的大视角来分析思考，这是当代横向归纳法。

第三个方法是多现象综合归纳。例如，许多发展中国家有政府干预，有金融抑制，有汇率扭曲，等等，这些干预扭曲是各自独立的，还是相互关联的？背后有无共同的原因？20世纪70年代麦金农（MacKinnon）和肖（Shaw）观察到了金融抑制[1]，但是没有做综合分析，他们把金融抑制当作独立的、外生的，认为金融抑制不利于发展中国家的发展，于是建议进行金融自由化。发展中国家按照他们的建议推行金融自由化，结果经济危机不断，为什么？因为有大量资本很密集、违反比较优势的产业存在。金融自由化的结果是那些产业活不了，同时，金融自由化以后外国资本进来，也不会进入违反比较优势的产业，本国资本反而外逃，金融危机也就不可避免。在观察现象时，不能攻其一点不及其余，要把一个经济体同时存在的现象放在一起分析，看这些现象有无共同的决定因素。例如，计划经济为什么会有那么多干预、扭曲同时存在？归纳起来都是为了在资本短缺的经济中优先发展违反比较优势的资本密集型产业，结果就如前述"三位一体"分析的那样，一个扭曲成为另外一个扭曲的因，这个扭曲又会造成其他扭曲，如此循环反复。把同时存在的多现象放在一起综合分析最有可能找到最根本的因，这个起始点通常会和

---

[1] MacKinnon, R. I., *Money and Capital in Economic Development*, Washington, DC: Brookings Institution, 1973. Shaw, E. S., *Financial Deepening in Economic Development*, New York: Oxford University Press, 1973.

问题本质的分析相关。所以,"一分析、三归纳"是分开讲的,在运用时则需综合运用,相互印证,以找到现象背后最根本的决定因素。

从特殊到一般

从现象观察出发,经常会停留在现象的表层,把现象的存在归于特殊原因。尤其在研究中国问题时,能不能从特殊性看到更底层的一般性,这是一个非常关键的问题。如果停留在特殊性,那是中国经济学,没有一般意义。

新结构经济学固然总结于中国的经验但不是中国经济学,新结构经济学是关于经济发展、转型和运行的一般理论,是对主流经济学的结构革命。我鼓励诸位从现象出发来研究问题,近水楼台先得月,我们一般观察的是中国现象,中国作为一个由坚强的共产党领导的发展中、转型中大国,有太多特殊性,不难从特殊性构建理论模型来解释中国的现象。例如,中国过去40年的发展很成功,可以写个模型强调党的坚强领导是成功的关键。党的坚强领导确实十分重要,但如果以此来解释中国的成功,那就没有一般意义,因为其他国家很难有像中国共产党那样具有坚强领导力的政党。还有,在改革开放前同样有党的坚强领导,为何那时经济发展绩效欠佳?所以,这样的论断通不过历史纵向归纳。毛里求斯是一个多党制国家,没有一个坚强的党领导,经济发展绩效也很好,所以这个论断也通不过当代横向归纳。改革前和改革后最大的改变是从违背比较优势的赶超战略向符合比较优势的因势利导战略转变,毛里求斯发展成功也是因为在20世纪70年代以后从进口替代战略转而开始根据比较优势发展出口导向型的产业。所以,把中国改革开放以后经济发展取得成功归因于遵循了比较优势来发展经济就有了一般意义。

另外，二战以后东亚发展成功，学界一个流行的解释是东亚有儒家文化下的权威型政府。同样可以写理论模型，把东亚的成功归因于此。这种观点和马克斯·韦伯的文化决定论如出一辙。只不过把韦伯强调的基督新教换成了儒家文化。但从历史纵向来看，东亚经济体一直有儒家文化，但是过去发展不成功；从当代横向来看，毛里求斯三分之二的人口是印度人，没有儒家文化，也没权威型政府，但其经济发展同样成功。所以，儒家文化对东亚的成功也许有贡献，但不是东亚成功的根本原因。如前所述，根本的原因是按照比较优势发展经济。新结构经济学要从现象出发，但要超越特殊性去了解背后更根本的、具有一般性的原因。

总结经济发展成功的经济体，固然各有特殊性，那些特殊性对其成功也许创造了一些有利条件，例如中国所拥有的坚强的党的领导、东亚的儒家文化下所形成的权威型政府，但这些都是有利因素而非全部因素，就像在谈禀赋时指出的社会资本、地理条件等给一个地区的成功提供了有利条件。但是，成功与否更根本的原因是新结构经济学所强调的经济发展、经济运行要成功，发展的产业要符合比较优势，才能在企业家的努力和政府的因势利导下形成竞争优势，是否符合比较优势跟一个经济体的要素禀赋结构相关，发展的产业可能不一样，例如，在东部沿海地区发展的加工出口产业，有成衣，有制鞋，有玩具，这些产业都是劳动密集型产业，符合东部沿海地区在发展早期劳动力多、资本相对短缺的比较优势。所以，符合比较优势就是归纳总结出来的具有一般意义的决定性因素。

在做研究时，首先观察到的通常是现象的特殊性，如果不上升到一般性，它的贡献就会小得多。只有从特殊性上升到一般性，才会对人们认识世界、改造世界有真正的贡献。要从特殊性现象的观察飞跃到一般性原因的总结，其方法是在观察一个现象时，对此现象提出一个暂时的假说，不要有一个假说对此现象能够解释就接受了，要反复用历史纵向、当代横向和多现象综合的归纳法来检验这个假说，只有通过这三个归纳法检验的假说，才有可能揭示这个现象背后真正的因果逻辑。要运用上述三个归纳法，必须对古今中外的历史有足够的认识，随手拈来各种历史的、跨国的现象经验来做比较分析，而不仅是就事论事。这就要求研究者具有"家事国事天下事，事事关心"的胸怀，平常多看、多想、多积累，不能坐井观天，不能双耳不闻窗外事，也不能临时抱佛脚。

附带说一点，做学术研究和做政策研究的方法不完全一样。做学术研究要从特殊性上升到一般性，做智库、政策研究则正好相反，要从一般性原理结合所研究的经济体当地的特殊条件来提建议。每个地方总是有一些当地特殊的有利条件，如要素以外的禀赋，以及特殊的限制条件，如过去的赶超所遗留下来的扭曲等。要充分利用当地的有利条件，也要充分考虑当地的特殊限制条件，把有利条件动员起来，绕开不利条件，发展符合当地比较优势的产业来推动结构的转型升级。

把二维经济学变为三维经济学

做新结构经济学研究要把以发达国家的结构作为给定结构的二维主流经济学变为不同发展程度的国家内生不同结构的三维经济学。前面谈到的四点对任何想要有原创性贡献的学科或任何理论流派而言，都是必须遵守的。中国经济学家，尤其是要推动新结构经济学的结构革命的经济学家，则还需要有认识理论创新金矿的能力。中国改革开放取得的成绩是人类历史上不曾有过的奇迹，所谓奇迹就是不能用现有的理论来解释的现象,但是,任何现象的产生必然有其道理,把这个道理揭示出来就是一个新的重要的理论。新结构经济学是对现代经济学的一场结构革命,试图把主流的、总结于发达国家经验、以发达国家的结构为给定的暗含结构的二维经济学变为不同发展程度的国家内生不同结构的三维经济学,涉及现代经济学的各个领域。这场革命现在还只是星星之火,尚未燎原,到处是做出具有原创性贡献研究的机会。我常说"不要坐在金矿上挖煤矿"。什么是挖煤矿?就是只会萧规曹随,跟着国外的热门问题和方法去做研究,不会自己找出新的问题、采用新的方法来做研究,或是根据主流文献的理论视角来看中国的现象,不会提出新的、更到位的视角来分析中国和发展中国家的问题。这样的研究不会有原创性的贡献,是在挖煤矿,也许会有不少可以发表的成果,但不会对人类知识的增长,尤其不能对帮助人们认识世界、改造世界的知识增长做出贡献。

我想,作为经济学家,都会有挖金矿做出原创性贡献的意愿。之所以做不到,一个可能的原因是没有新的现象,另外一个原因则是没有认识新现象的眼光。在发达国家,更多的原因可能是前者,因为发达国家的社会经济已经接近稳态,新的、大的社会经济现象,如20世纪30年代的经济大萧条、70年代的滞胀,不经常发生,因此,绝大多数经济学家只能在一个有原创能力的经济学家提出一个新的理论或方法以后,跟着去做一些脚注性的研究。在我国,更多的原因则是后者,我国的经济学者从本科开始就学习、接受了西方主流经济学的理论,不自觉地就会带着主流理论的有色眼镜来看中国的现象,容易"对号入座",难于提出不同于主流理论的新的观点看法。

如何挖金矿而不是挖煤矿?需要知道"金"为何物,以及"金"与"煤"有何不同。首先,从分析中国的经济现象而言,最重要的是必须了解中国作为一个发展中国家，各种结构和发达国家有内生性的差异，中国作为一个转型中国家，也存在各种内生性的扭曲。了解了这两点，就不会简单地以总结于发达国家的经验，以及以发达国家的结构为暗含前提的理论作为参照系，来分析中国的问题，上述两点正好是新结构经济学的精髓所在。所以，挖金矿就要先熟悉新结构经济学的理论框架。

其次，要认识到现有的主流理论来自对发达国家经验现象的总结，是以发达国家的结构为给定结构的二维经济学，可以在现代经济学的各个子领域引入发展中国家的内生结构不同于发达国家这个前提条件，使现有的二维主流理论变为新结构经济学的三维理论，以数学建模深挖理论扩维以后的新视角、新见解，并用中国和其他发展中国家的经验数据来检验这些新视角和新见解。上述两点说来容易也不容易，如果能开悟，知道了"各种结构是内生于禀赋结构，扭曲是内生于对上述内生结构的偏离所致"，就能做出许多不同于主流而有新观点的新结构经济学研究来。但是，真要把上述观点运用自如也不容易，因为主流理论的影响容易如影随形，挥之不去，让人在思考问题、观察现象时一不小心就对号入座。

禅宗讲"顿悟"和"渐修"，绝大多数人是经由"渐修"而达到"开悟"，难以像六祖慧能那样只是偶尔听人念了《金刚经》中"无所住而生其心"的一句就开悟了。对于有心认识和挖掘中国经济和新结构经济学的金矿的人，我有两点建议：首先要下功夫好好学习新结构经济学的有关论著，尤其是《新结构经济学导论》，这本书全面介绍了新结构经济学理论的框架，必须有这样的一个全面的框架，才能分清何者是"金"，何者是"煤"，不会看到金子却不认识，而把煤当作宝贝；其次要根据自己的研究领域，不断探索深挖结构的内生性和扭曲的内生性在这个领域的意义和影响，并用中国和跨国的经验数据来检验由此得出的认识。

第四章
如何做新结构经济学的研究

总的来讲，我觉得我们很幸运生活在这个可以有大作为的时代，让我们有底气放弃"西天取经"的做学问取向，总结我国的经验进行自主理论创新。鸦片战争以来，中国的知识界、学界一般崇尚"西天取经"，鲁迅这么伟大的学者也倡导拿来主义，主张外国有的、好的拿来用就是。五四运动的那代知识分子，倡导的是全盘西化，无非有全部照搬社会主义的革命道路和照搬资本主义的道路之争，一直到改革开放以后，这样的情形还是比较普遍。到习近平在2016年5月17日的哲学社会科学工作会议上提出"这是一个需要理论也必然产生理论的时代，这是一个需要思想也必然产生思想的时代"，我们这代人才有这个文化自信，自己去总结中国的经验，形成一个在"指导思想、学科体系、学术体系、话语体系等方面充分体现中国特色、中国风格、中国气派"的理论体系。

要引领时代的新思潮，必须有敏锐的眼光，也要有敢为人先的勇气。在一个引进国外先进理论还处于主流的时代，沿着主流理论做研究容易发表，而且，沿着主流理论做批判家也容易获得社会的掌声。因为作为发展中、转型中国家，总有许多不尽如人意的地方，拿发达国家的理论作为武器来批判政府、批判社会的黑暗面会让人觉得是有勇气的，而总结自己国家成功的道理，在掌握理论和话语权的主流学界不容易被接受，在国内也容易被人误解为"歌德派"。但是，根据中国的现象进行理论创新是我们的机遇，也是我们的责任。

俄罗斯在20世纪90年代推行休克疗法，格拉杰夫是当时的执行者之一，他今天已经承认当时的做法是错误的。但是在20世纪八九十年代用休克疗法来进行经济转型是主流的社会思潮，这个思潮的形成固然与杰弗里·萨克斯等美国经济学家的鼓吹有一定的关系，但更重要的是俄罗斯本国的学者接受了这个想法，并大力鼓动宣传才使之成了社会上大多数人接受的思潮。从新结构经济学的视角来看，休克疗法的失败是直接照搬西方的主流理论，对结构的内生性和扭曲的内生性缺乏认识的结果。休克疗法方案的主要制定者是莫斯科大学经济系主任盖达尔，后来我和他见过多次面，和其他俄罗斯的知识分子一样，他是一位爱国的、充满民族自豪感的学者，当时他确实对休克疗法深信不疑。今天我们已经认识到了西方主流经济学的局限性，如果还去推波助澜，不仅辜负了时代给予我们的理论创新的机会，而且还没有承担作为知识分子应该承担的推动国家社会进步的责任，我们应该要有"岂因祸福避趋之"的道德担当。

从亚当·斯密以来，世界的经济中心就是世界经济学的研究中心，随着中国的发展，世界经济学的研究中心也必然会逐渐转移到中国来。作为在中国工作的经济学家，尤其是中国的经济学家，我们有近水楼台先得月之机，因此，不应该把这个推动理论创新、引领时代思潮的机会，让给在外国工作的经济学家。

理论创新从被提出到被学界和社会接受的每一步都是一个艰难的历程，但最难的是第一步，发现有趣的现象，真正吃透现象背后的因果逻辑。我们看到一个有趣的现象，不要对号入座，拿现成的、自己熟悉的理论来解释，而要秉持"常无"的心态，根据"一分析、三归纳"的方法，从特殊性深入到一般性，去了解背后的道理。在思考发展中国家的现象时，要谨记发展中国家和发达国家结构的差异性和内生性，在分析扭曲的影响以及做改革建议时，也要考虑扭曲的内生性。我相信掌握好新结构经济学的理论框架，以上述的方式来做研究，可以做出很好、很有创见的新结构经济学学术成果来，不仅能够推动学术进步，也能使理论认识世界和改造世界的功能统一起来，贡献于社会的进步，达到"知成一体"的目标。

第五章

从新结构经济学的视角看增长

如何理解新结构经济学
与现代经济学的结构革命[1]

为什么要反思发展经济学

发展经济学是一套理论体系，理论是一个工具，帮助我们认识世界和改造世界。如果一个理论不能帮助我们认识世界，或者根据理论所采取的行动不能达到理论所预期的改造世界的结果，就应该对理论进行反思。我对发展经济学的反思即源于此。

2008年以来，国际上对现代主流经济学也有很多反思，因为现代主流经济学不仅未能预测到2008年的金融危机，而且，从数据上看，2008年危机之前，发达国家平均每年经济增长速度是3%~3.5%，十几年过去，在现代经济学的指导下被认为恢复得最好的美国经济2019年经济增长率

---

[1] 本文根据作者2020年3月3日在新结构经济学研究院"国家发展"在线系列讲座的演讲整理。

也只有2.7%。在没有发生新冠肺炎疫情前，国际货币基金组织预测美国经济2020年的增长也只有2.5%左右，2021年可能再回落到2%。其他发达国家还不如美国，普遍未能走出经济危机的阴影。这也是国际经济学界对20世纪七八十年代以来非常盛行的新自由主义经济学理论有很多反思的原因。

这已经不是人们对发展经济学理论的第一次反思。发展经济学诞生于二战以后，当时很多发展中国家摆脱了殖民地、半殖民地的地位，开始独立自主追求国家的现代化。为实现现代化，当时的主流经济学中出现了一个新的子学科——发展经济学。

第一代发展经济学一般被称为"结构主义"。当时，这些发展中国家取得政治独立，都希望实现工业化、现代化，希望老百姓的生活水平可以跟发达国家一样高，国家可以跟发达国家一样强盛，实现所谓民富国强。当时经济学界和政治领导人都认为，如果要和发达国家一样富有和强盛，就要拥有一样的高收入水平和劳动生产力水平，进而就必须建设和发达国家一样的先进产业。二战后，当时世界上最先进的产业大都是资本密集、规模很大的现代化产业。于是，绝大多数发展中国家的一致行动就是优先发展资本密集、规模庞大的现代化产业。然而这些产业在市场中无法自发发展起来，他们就认为这是因为有很多结构性障碍，市场无法有效配置资源，出现市场失灵，必须由政府主导建设。

由于发展中国家原来的现代化工业制造品都是从国外进口，出口产品一般都是矿产资源、农产品，按照当时发展经济学的理论，这些工业化产品不再进口，改为自己生产，故也称为"进口替代战略"。

在结构主义的进口替代战略指导下，发展中国家普遍靠政府的投资拉动取得了5～10年的快速增长。但是，这些新建立的现代化产业没有效率和竞争力，只能靠政府持续的保护补贴维持，使整体的经济发展并不好。到 20 世纪 60—70 年代，这些国家不仅收入水平没有提高多少，跟发达国家的差距还越来越大，并且产生了不少危机。

所以，被称为结构主义的发展经济学第一代对解释发展中国家为什么落后，逻辑非常清晰，也很有说服力，但据此理论制定的政策和实施结果普遍失败，故要进行反思。

因为结构主义失败，反思的结果是出现了"新自由主义"，认为发展中国家经济发展不好是政府对经济有太多干预和扭曲，造成资源错误配置，效率因此低下，寻租腐败频发，收入差距扩大。这种观点的逻辑也非常清楚，对发展中国家存在问题的原因说明很有说服力，从 20 世纪 80 年代开始盛行，中国国内直到今天仍有不少信奉者。

根据新自由主义的观点，发展中国家的问题源于政府干预，要解决问题就应该建立和发达国家一样的完善的市场经济体系，价格由市场决定，也即"市场化"。同时，企业应该自负盈亏，因此必须把原来的很多国有企业私有化。并且在宏观上，政府应该维持经济稳定，不能有高的通货膨胀，这就要求政府财政预算必须平衡，不应该有财政赤字。简单讲就是，发展中国家最好进行市场化、私有化、政府财政预算平衡宏观稳定化。

1992 年，时任世界银行首席经济学家，之后又担任美国哈佛大学校长和美国财政部长的劳伦斯·萨默斯写了一篇文章，指出经济学界对发展中国家的转型出乎意料地有了一个共识，即从计划经济向市场经济过渡要成功，必须用休克疗法将"华盛顿共识"所主张的市场化、私有化、稳定化同时落实到位。

这一次照此执行的发展中国家都遭遇了经济崩溃、发展停滞、危机不断。数据表明，20世纪80—90年代，发展中国家推行新自由主义市场化改革相比20世纪60—70年代推行结构主义的进口替代战略时期，平均经济增长速度更慢，危机发生的频率更高。所以，有些经济学家把20世纪80—90年代新自由主义主导的这20年，称为发展中国家"迷失的20年"。

新自由主义跟结构主义遭遇同样的命运：解释发展中国家的问题头头是道，逻辑上滴水不漏，但是遵照执行的结果正好相反。

新自由主义或者说"华盛顿共识"有那么多知名经济学家支持，为什么也在现实中遭遇失败？原因有二。

第一，没有认识到保护补贴也是内生的，违反比较优势，主张一步到位实现市场化、私有化、宏观稳定化。但是，首先，资本密集的产业雇了很多人，大都还在城市，如果一下子取消补贴，企业垮台会造成大量失业，造成社会政治不稳；其次，很多产业还涉及国防安全和国计民生，比如电力、通信，如果把保护补贴取消掉，不仅企业会垮台，国家也失去安全保障，经济社会难以持续运转。因此，即使私有化，企业要的保护补贴不仅去不掉，反而更多，效率更低，寻租腐败更严重。

第二，反对政府针对新的符合比较优势的产业给予因势利导的支持，于是有些旧的不符合比较优势的产业垮了，新的符合比较优势的产业不能出现，导致去工业化的情形出现。

不过，二战以后，也有少数几个经济体经济发展得不错，但它们推行的政策从这些理论来看是离经叛道的。

首先是20世纪50—60年代的亚洲四小龙，即韩国、新加坡、中国台湾、中国香港。到20世纪80年代，这四个新兴市场经济体已经成为新兴工业经济体，到如今则已经全部都是高收入经济体。

第五章
从新结构经济学的视角看增长

如果以20世纪五六十年代的主流理论结构主义来看，亚洲四小龙的政策大多是错误的，这些经济体并没有一开始就建设现代化的大产业，相反，都从传统的、劳动力密集的小规模制造业开始。它们也没有追寻结构主义的进口替代战略，而是出口导向。当时学界认为，这种发展模式怎么可能赶上发达国家？但事实证明，看似采取错误政策的这几个经济体，反而赶上了发达国家。

其次是现在发展得比较好的中国、越南、柬埔寨等转型中国家，以及20世纪70年代初就开始转型的非洲国家毛里求斯。在大多数发展中国家采纳"休克疗法"时，这几个国家普遍采取了"双轨制渐进式改革"，一部分产业还是由政府控制，保留国有企业，一部分产业走向市场经济，放开市场，发展民营企业，市场与计划并存。

当时有一种观点认为，计划经济不如市场经济，像中国这种计划与市场并存的双轨制经济还不如原来的计划经济，是最糟糕的制度安排。理由是计划和市场同时存在，腐败空间大量扩张，政府干预经济、资源错误配置的可能性也会大大增加。

可如今看来，这几个从新自由主义理论的角度看来最糟糕的转型经济体，反而都取得了成功。

也有人认为，亚洲四小龙一开始就实行市场经济，中国、越南、柬埔寨等也是从计划经济往市场经济转型，因此，新自由主义似乎是对的、有效的。但同时中国和这些经济体的成功还有一个特性，就是这些经济体中的政府不是新自由主义所谓的"有限政府"，只管教育、健康和社会秩序。恰好相反，这些政府都积极有为，对经济有很多干预，更像是结构主义所倡导的政府。

因此，这些后发经济体的成功，以传统的结构主义和后来的新自由主义都无法很好地解释。理论是帮助我们认识世界、改造世界的，但到现在为止，用发展经济学理论指导的经济体都不成功，而成功的几个经济体执行的都不是这些理论所倡导的政策。

因此我们亟须反思：为什么发展经济学领域出了那么多荣获诺贝尔经济学奖的大师，但是发展中国家按照他们的理论去制定政策都基本上不成功？

回归亚当·斯密的研究方法

亚当·斯密其实把他的研究方法作为书名《国民财富的性质和原因的研究》，采用的方法就是对"本质和原因"的研究。这本书出版于1776年，但他的研究大概始于1760年。当时工业革命还没发生，所以亚当·斯密的观察源于工业革命以前的经济社会，他观察和思考国民财富的本质是什么，决定一个国家贫富的原因是什么。但在他那个时代，工业革命才刚开始，他在原因的总结上自然忽视了工业革命所带来的技术不断创新、产业不断升级的重要性、决定性，只总结了地理大发现以后贸易带来的机会和影响。

在亚当·斯密之后的很多理论创新都遵循了亚当·斯密的研究办法，即观察现象的本质，探索现象背后的决定因素，进而提出自己的看法和解释，而不是套用前人的理论。

我研究新结构经济学也是采用亚当·斯密的办法。对发展经济学而言，想研究的问题是怎么让收入水平不断提高，穷国怎么变成富国，富国怎么变得更富。

收入水平的快速增长是现代现象。现代经济增长突然加速，最主要的原因是18世纪中叶以后出现的工业革命、技术创新以及附加值更高的产业不断涌现,让劳动生产力水平快速提高。同时,伴随现代化技术和产业的涌现规模经济越来越大,电力、道路等基础设施的需求越来越多,金融投资和风险也越来越大,催生了现代金融、现代法律等等。所以,现代经济增长是一个结构不断变化的过程,这个结构既包括影响生产力水平的技术和产业结构,还有道路、电力、港口、通信等硬的基础设施和法律、金融等各种软的制度安排。

所以,收入水平不断提升是现代经济增长的本质,能够实现靠的是技术、产业、硬的基础设施和软的制度安排等结构的不断变迁。那么,这些结构和其变迁又是什么因素决定的?

遵循比较优势

新结构经济学在了解了现代经济增长的本质以后,采用现代经济学的方法来研究现代经济增长的决定因素,也即结构不断变迁的决定因素是什么,背后是什么在推动。按照现代经济学的命名方式,应该称之为结构经济学。因为根据现代经济学的命名规则,用新古典的研究方法研究农业,就称为农业经济学,研究金融就称为金融经济学,所以研究结构和结构变迁就应该叫结构经济学。不过,由于发展经济学的第一代是"结构主义",为了区分,我称之为新结构经济学。这种命名方式也有先例,20世纪60年代,诺斯倡导用现代经济学的方法研究制度和制度变迁,本应叫制度经济学,但19世纪末至20世纪初美国有一个制度学派,诺斯为了区分,称自己的研究为新制度经济学。新结构经济学的"新"也是这个含义。

新结构经济学的理论基础是不同发展程度的国家，每个时点给定但随时间可以变化的要素禀赋及其结构和由其决定的比较优势不同，只有按照要素禀赋结构决定的比较优势来选择产业，才能有最低的要素生产成本，如果再有合适的硬的基础设施和软的制度安排与之配套，交易成本就会很低，因而能够把比较优势变成竞争优势。

发达国家资本相对丰富、劳动力相对短缺、收入水平高，这样的结构决定了它们发展资本和技术高度密集的现代产业有比较优势。发展中国家因为收入水平低，资本短缺，有比较优势的产业一般都是劳动力或资源很密集的产业。

新结构经济学中还有一个非常重要的微观基础——企业自生能力。什么样的企业才有自生能力？一个有正常管理的企业，如果在开放竞争的市场中不需要政府的保护补贴，就能获得社会能接受的利润率，就是有自生能力的企业。如果企业管理没有问题，那么在什么条件下才有自生能力？前提是所在的产业符合本国的比较优势，并且有合适的软硬基础设施的配套。相反，违反比较优势的企业就不会有自生能力，因为要素成本太高，在开放竞争的市场中就比不过符合比较优势的产业和企业，也就不能获得社会可以接受的利润率。

发展经济学要研究和解决的本质问题就是如何能使一国的收入水平不断提高，增加财富，从而实现民富国强。对此，新结构经济学的逻辑很清楚：要提高收入水平，必须提高产业技术水平，产业技术水平内生于要素禀赋结构。因此，要想从生产率水平低的劳动密集型产业或者资源密集型产业进入收入和技术水平更高的资本或技术密集型产业，前提条件是改变要素禀赋，要从资源或劳动力比较多、资本相对短缺的状态，变成资本比较多、劳动力或资源比较少的禀赋状态。如此才能改变比较优势，进而改变产业结构，提升收入水平。

同样的道理，要素禀赋结构和比较优势不断改变的同时，还必须相应地完善硬的基础设施和软的制度配套，从而降低交易成本，使要素成本优势最终变成总成本优势，形成国际竞争力。

这是新结构经济学的切入点。在此分析，一个国家要发展，实现民富国强，就要提升产业结构、技术结构，但是要想提升产业和技术结构，必须先改变要素禀赋结构，而最好的改变之策就是在每个时点上都根据要素禀赋所决定的比较优势来选择产业和技术，这是发展经济最好的方式。这样做，要素生产成本会最低，如果有合适的软硬基础设施配套，市场交易成本也会最低，就会有最大的竞争力。有最大的竞争力就能够抢占最大的市场，创造最大的剩余。资本来自剩余积累，有最大的剩余就能有更多的资本积累，而且，按照比较优势进行投资，资本的回报率也会最高，资本积累的意愿也会最大，因此资本禀赋可以增加最快，这将逐渐让资本从相对短缺变成相对丰富的状态。

发展中国家按照比较优势发展还有一个好处，就是产业和技术的升级可以通过引进来实现，使创新成本和风险相对更低。毕竟，发达国家的产业和技术在世界最前沿，技术创新和产业升级都必须靠自主发明，发展中国家如果能借力引进，技术创新、产业升级的成本和风险会比发达国家小，相同的周期内就可以比发达国家走得更快，从而实现对发达国家的追赶。

有效的市场与有为的政府

按照要素禀赋结构决定的比较优势来发展，这是经济学家的语言，怎么让企业家能够自发地遵循新结构经济学的思路来做产业和技术选择呢？这就必须有一个制度安排。

企业家的目的是追求利润，要想让企业家追求利润时的选择与整个社会的最佳选择一致，就要有一套能反映要素相对稀缺性的价格体系。举例来讲，当资本相对少的时候，资本就很贵；劳动力或者资源相对多的时候，劳动力、资源的价格就相对低。企业家为了利润最大化就会选择进入多用廉价劳动和资源、少用昂贵的资本的产业，并采用能用廉价的劳动力或资源来替代昂贵的资本的技术来生产。如果有这样的相对价格体系，当资本变得相对丰富、相对便宜，劳动力和自然资源变得相对短缺、相对昂贵，企业家也就同样会选择进入资本相对密集的产业，用资本相对密集的技术来生产。只有在竞争的市场中，要素的相对价格才能反映各种要素的相对稀缺性，因此，要想让企业家自发按照要素禀赋结构的比较优势来发展产业、选择技术，就必须有一个充分竞争的市场。

市场很重要，但只有市场是不是足够？政府要不要发挥作用？我们知道，经济发展不是资源的静态配置，如果按照比较优势发展，资本会积累得很快，要素禀赋、比较优势也都会变化很快，要不断从劳动密集型产业往资本密集型产业升级，在升级过程中，既必须要有愿意冒风险的企业家，也必须有政府能给他提供激励补偿，以及新产业所需要的硬的配套基础设施，以及金融、人力资本、法律等各种软性制度安排根据新产业的需要不断完善，这些都不是企业家能做的。否则，即便有企业家愿意冒风险，主动进行产业升级，要素成本优势也会因为交易成本太高而无法变成竞争优势。所以，创新企业家的成功还必须有一个因势利导的有为政府。

第五章
从新结构经济学的视角看增长

理论只是一套逻辑,是否可接受还要能经得起真实世界经验的检验。

2008年,诺贝尔经济学奖获得者迈克尔·斯宾塞主持的世界银行增长委员会研究二战后的200多个经济体中有13个成功的发展中经济体,这些经济体都实现了平均每年7%或更快的发展,并且维持25年及以上。这13个经济体有五个共同特征:第一是开放经济,第二是宏观相对稳定,第三是高储蓄、高投资,第四是市场经济,第五是都有一个积极有为的政府。

这个报告引起很多关注,迈克尔·斯宾塞也被非洲、亚洲等许多发展中国家的领导人邀请做报告、提供咨询。这些领导人问他,根据这项研究,到底有没有一个药方,照做就能成功。迈克尔·斯宾塞回答说,这五个成功的特征只是药材,但没有药方。我们知道,单有药材,没有药方,并不能治病,药量不对,补药可能变成毒药。

其实,新结构经济学提出的按照要素禀赋结构决定的比较优势发展经济就是药方。因为按照新结构经济学的建议,经济发展成功有两个制度前提,一个是有效的市场,一个是有为的政府。这就是增长委员会总结出来的第四项和第五项特征。其余三项则是按照比较优势发展的结果,因为按照比较优势发展,必然是符合比较优势的产业多生产并出口,不符合比较优势的产业不生产或少生产并进口,所以会形成一个开放经济。同时,按照比较优势发展的企业有自生能力,整个经济有竞争力,宏观上自然比较稳定。如果按照比较优势发展,前面已经讨论过了,会有最大的剩余,投资回报率也会最高,自然会有高储蓄和高投资回报率。因此,新结构经济学的发展思路,与二战以后成功经济体背后的追赶之路完全吻合。

新结构经济学的"新"及其和马克思主义的关系

新结构经济学的分析方式与马克思主义的唯物辩证法和历史唯物主义也一脉相承。

新结构经济学秉承了唯物辩证法以每一个时期给定、随着时间可以变化的要素禀赋这一物质存在作为分析经济结构的切入点和出发点,来研究经济发展结构变迁的规律。历史唯物主义主张经济基础决定上层建筑,上层建筑反作用于经济基础。经济基础包括生产力水平以及与其相适应的生产关系。在现代经济当中,生产力水平由产业决定,资本密集的产业的生产力水平当然高,传统的劳动密集型或者自然资源密集型产业的生产力水平就低。选择什么样的产业由要素禀赋决定,要素禀赋结构是一个物质存在,决定了具有比较优势的产业,也就决定了生产力水平,以及由生产力水平决定的工资水平和劳资关系。不同产业的规模、风险特性不同,合适的基础设施和上层制度安排不一样,上层制度安排合适与否也会反过来决定生产力水平的发挥和演进。可以说,新结构经济学是辩证唯物主义和历史唯物主义这一马克思主义世界观和方法论在现代经济学的运用,同时也拓展了历史唯物主义的分析方式。

经济学需要一场结构革命

新结构经济学找到了马克思主义的研究方法和现代经济学研究方法的一个结合点,并将推动现代经济学的一场结构革命。因为当前的新古典经济学或主流经济学基本上都是基于发达国家的现象去做研究,发达国家和发展中国家的结构具有先天差异,用来自发达国家的理论指导发展中国家的实践,必然出现南橘北枳的问题。

与之不同,新结构经济学认为不同发展程度的国家,禀赋结构不同,合适的产业、技术、基础设施、制度安排等结构也不一样。用个具体形象的比喻,现代主流经济学以发达国家的结构为唯一结构,是一个二维的经济学,新结构经济学则认为不同发展程度的国家有不同的结构,是一个三维的经济学。

根据上述认识,新结构发展经济学探讨的是从低生产力水平的结构往高生产力水平结构变化背后的道理。

新结构转型经济学研究的是有扭曲的结构变成没有扭曲的结构这一过程。它和主流的转型经济学不同的地方在于,一般转型经济学以发达国家的制度安排作为转型目标,新结构经济学认为转型应以和现阶段的产业技术结构相适应的制度安排为目标。

另外,在研究经济运行的现代经济学的各个子领域,从新结构经济学的视角来看也会有许多新的认识。例如,到底要不要实施积极的财政政策?按照凯恩斯主义的理论,经济下滑时应该用积极的财政政策,但芝加哥大学的理性预期学派反对,理由是经济下滑时,政府加大投资会增加政府负债,将来政府要还钱只能靠增加收税。人是理性的,即使现在有就业、有收入,预期将来要加税,会先增加储蓄,压低消费,使总需求减少。如此一来,即便政府加大投资需求保住了就业,但居民的消费下降,总需求不增加,也就走不出通货紧缩,反而使政府的财政赤字不断增加。这一流派的主张与新自由主义的主张如出一辙。

但发展中国家能不能实施积极的财政政策?和发达国家面临的情形是不是相同?当然不是。积极财政政策投资大部分用于修建基础设施。在发达国家,搞基础设施建设有个非常形象的比喻,"挖个洞,补个洞",

因为发达国家的基础设施已经相对齐全，只是比较老旧。但发展中国家到处都是基础设施的短缺，一旦经济下滑，政府加大基础设施的投资，效果会很好，因为不仅能创造就业，消除基础设施的瓶颈，等到经济恢复，还有利于降低企业的交易成本，提高整体经济的效率，进而提升经济增长率。经济增长率提高，政府的税收自然就增加，可以偿还当初加大投资增加的债务，而不必提升税率。

如此看来，同样是积极的财政政策，放在发展中国家和发达国家就大不相同。因此，发达国家不适用的积极财政政策，发展中国家不能盲目地跟着反对。

因此，我们不能再盲目信奉源自发达国家的现代经济学，许多经济问题看起来相同，但不同发展程度的国家经济结构有着深刻的不同，经济发展、转型和运行也都有各自的特色，不可简单套用来自发达国家的理论和经验。

这正是我所讲的现代经济学的结构革命，就是强调不同发展程度的国家在结构上有差异，这种差异并不是随机的，而是由其物质基础决定的，是内生的。这实际上是现代新古典经济学的一场结构革命。而且主流经济学，不管是宏观经济学、财政经济学，还是货币理论、金融理论、空间理论等，都要进行一场结构革命。对于经济学的研究，这也是一个重大的理论创新。

到目前为止，发展中国家普遍还都有"西天取经"的心态，认为发达国家那么发达，一定有道理，既然它们的理论不断引导了成功，也能指导我们的发展。但是很可惜，我还没有看到一个发展中国家按照发达国家的理论来制定政策能取得成功，这些理论用来批评发展中国家存在的问题倒是特别有说服力。但是，如果按照发达国家的理论去做，却没有认识到问题的本质,没有抓住问题背后真正的原因,没有了解到经济结构的内生性、扭曲的内生性,往往会好心办坏事。过去如此,今天也如此。新结构经济学的这场现代经济学的革命,有可能让我们在发展中国家学习经济学时能够实现认识世界、改造世界这两个目标的统一。

创新、知识产权保护与经济发展[1]

经济发展从表面上看是收入水平不断提高,而收入水平要提高,基础是劳动生产力水平必须不断提升。提升劳动生产力水平主要有两个方式:一个是现有产业的技术必须越来越好,每个劳动者能够生产越来越多质量越来越好的产品;二是必须有新的附加价值更加高的产业不断涌现,可以把劳动力、资本、土地等要素从附加价值比较低的产业转移到附加价值比较高的产业。不管是现有的产业技术越来越好,还是附加值越来越高的产业不断涌现,本身都是创新。我想这就是为什么习近平提出"创新、协调、绿色、开放、共享"五大发展理念时,把创新排在第一位。

对创新在经济发展中的关键作用,国内外学界应该有一个共识。但

---

[1] 本文根据作者 2019 年 11 月 11 日在第四届紫金知识产权国际峰会上的主旨演讲整理。

是，发展中国家虽然知道创新对经济发展的重要性，经济发展的绩效却普遍不好。第二次世界大战以后有 200 多个发展中经济体，到现在只有两个经济体从低收入水平发展成为高收入水平，一个是中国的台湾，一个是韩国。中国大陆很可能到 2025 年左右成为第二次世界大战以后从低收入水平进入高收入水平的第三个经济体。在 1960 年的时候，世界上有 101 个中等收入经济体，到 2008 年，我到世界银行当高级副行长兼首席经济学家的时候只有 13 个经济体从中等收入变成高收入。这 13 个经济体当中有 8 个是西欧周边的欧洲国家，像希腊、西班牙、葡萄牙，跟西欧的发达国家本来差距就很小，或者是石油生产国，剩下的 5 个是日本和亚洲四小龙。

从这些统计数字我们可以看到，第二次世界大战以后，绝大多数的发展中国家即使知道创新是经济发展的关键，也身陷低收入或者中等收入陷阱。为什么会这样？这是个值得深入研究的问题。

知识产权保护有利于创新，这同样是大家都知道的。但是，我们也观察到，发达国家很重视知识产权保护，发展中国家一般对知识产权保护不太上心。为什么不同发展程度的国家对知识产权保护的态度会不一样？这也是我们需要探索的问题。

我想从新结构经济学的视角来解释这两个现象，并且说明中国必须非常重视知识产权保护，才能实现高质量增长，实现中华民族伟大复兴的梦想。

创新需与比较优势相结合才能推动可持续的发展

第一点，创新很重要，从新结构经济学的角度来看，创新的方式必须与不同发展阶段的产业和技术的比较优势相结合,才能够推动经济的可持续发展。

前面谈到第二次世界大战以后,成功的发展中经济体非常少,但是有13个发展中经济体实现了每年增长率为7%或者更高、持续25年或更长时间的快速发展,它们有五个共同特征:第一,都是开放经济;第二,都实现了宏观稳定;第三,都有高储蓄、高投资;第四,都是市场经济或者转向市场经济;第五,都有积极有为的政府。发达国家过去一百多年以来平均每年的经济增长速度是3%~3.5%,如果一个发展中经济体能够以7%或更高,也就是发达国家的两倍甚至三倍的增速来发展,而且持续25年或者更长的时间,这个经济体就能够快速缩小和发达国家的差距。

从新结构经济学的视角来看,其实这五个特征暗含了一剂药方,就是在经济发展过程中,每个国家、每个地区、每个经济体必须按其发展阶段的要素禀赋结构决定的比较优势来选择技术、发展产业。

首先,在劳动力多、资本稀缺的时候,发展的产业应该是劳动力相对密集的产业,技术应该是多用劳动力替代资本的技术。反过来讲,如果资本积累了,资本变得相对丰富,劳动力相对短缺,到那时候有比较优势的是资本密集型产业,所用的技术就必须是用机器来替代人。这样的产业和技术才能使企业在市场上具有竞争力。如果反其道而行之,在资本相对短缺、劳动力相对丰富的经济中发展违反比较优势的资本密集型产业,就只能给予保护补贴,不让外国产品进来竞争,这个产业才能生存。同时,有比较优势的劳动力密集型产业,得不到必要的资本也发展不起来,可以出口的东西就少。所以,根据比较优势发展的经济体,一定是出口多,进口也多,违反比较优势发展的经济体进口少,出口也少，故开放是按照比较优势发展的结果。

其次，如果一个经济体的产业都按照比较优势来发展，这个经济体各个产业的生产成本低，会有竞争力，自发的危机就会少，这个经济体自然会比较稳定。反之，如果违反比较优势而发展，生产成本高，各个产业没有竞争力，整个经济当然就不太稳定。

再次，如果按照比较优势来发展，各个产业有竞争力，能创造利润，储蓄就多。而且，按照比较优势来投资产业、采用技术，回报率会高，自然也就会有高储蓄、高投资。

所以，开放、稳定以及高储蓄、高投资其实是按照要素禀赋结构决定的比较优势来选择产业、发展经济的结果。

按照比较优势来发展是经济学家的语言，企业家关心的是利润，他们怎么会愿意遵循一个地方的要素禀赋决定的比较优势来选择产业和技术呢？那就必须有一个制度安排。在这个制度安排当中，各种要素的相对价格能够反映这个经济体的各种要素的相对稀缺性。如果在资本相对短缺的时候，资本相对昂贵，劳动力相对便宜，企业家为了自己利润的最大化就会进入能够多用便宜劳动力少用资本的产业，那就是劳动密集型产业，采用的技术就会多用廉价的劳动力替代昂贵的资本，这样的技术就是劳动密集型技术。反过来讲，如果资本变得相对丰富，劳动力变得相对稀缺，在这种状况下，资本是相对便宜的，劳动力是相对昂贵的，企业家为了自己的利润，就会进入能够多用资本而少用劳动力的产业，也就是资本相对密集的产业，并多用机器设备替代劳动力的资本密集型技术。

怎样才能形成这样的价格体系？到现在为止，我们知道只有一种制度安排，也就是竞争的市场，各种要素的价格才能反映各种要素的相对稀缺性。竞争的市场是按照比较优势发展经济的制度前提，然而，在经济发展过程中，政府也要发挥积极的作用。按照比较优势选择产业和技术能够使生产时的要素成本达到最低水平，但是产品要在国内外市场上有竞争力，则还需要有低的交易费用。交易费用的高低则取决于是否有完善的电力、交通等基础设施，是否有合适的金融安排支持企业的投资，是否有完善的法律来规范和执行企业间的合同等，这些影响交易费用的硬的基础设施和软的制度安排的完善只能靠政府来提供。同时，随着资本积累，要素禀赋结构和比较优势变化，必须有先行的企业根据比较优势的变化进入新的产业，采用新的技术，也就是进行创新。先行者要比后来者冒更大的风险和付出更高的成本，而不管成功和失败都会给后来者提供有用的信息，因此，政府需要给先行企业提供一定的激励。

一个经济体的创新，包括新技术和新产业，对经济发展很重要，创新必须结合比较优势，并在有为政府的因势利导下才能在市场中形成竞争优势。过去绝大多数的发展中国家经济发展失败，最主要的原因是为了快速追赶发达国家，不顾要素禀赋结构的实际情况，拔苗助长去发展违背比较优势的产业。比如说在资本很短缺的农业经济基础上发展大规模的钢铁产业、汽车产业等现代化的资本密集型制造业，这些产业看起来很先进，技术也很好，实际的结果是发展起来的产业没有竞争力，需要保护、补贴才能生存，前面所讲的这五个特征就不会存在。

经济发展程度和知识产权保护

知道了第一个道理以后，很容易就能理解为什么发达国家和发展中国家对知识产权的态度不太一样。发达国家收入水平高代表所在的产业和所用的技术都在世界最前沿，如果要技术创新、产业升级，必须自己发明新技术、新产业。发明的投入很大，失败风险非常高，等到这些新的技术和产业发明出来以后，别人学习的成本却非常低。因此，必须对处于世界技术和产业前沿的企业的创新活动成功以后给予专利保护，以作为激励，不然企业不愿意做技术创新，不愿意做产业升级。没有技术创新，没有产业升级，经济就不能发展。这也就是为什么发达国家都有比较完善的知识产权保护制度，包括专利制度等。

发展中国家如果要发展好，必须按照它的比较优势选择产业和技术，早期的比较优势通常都在于劳动力用得比较多、资本用得比较少的产业和技术，是工业革命以来已经比较成熟的产业。在产业升级的过程中，由于发展中国家收入水平跟发达国家有很大的差距，代表产业技术的水平有很大的差距，在按比较优势发展经济时很多台阶要一步一步地爬，因为比较优势的提升是靠资本的积累逐步形成的。专利保护期最多为20年，很多发展中国家拥有比较优势的产业和技术跟世界前沿的差距绝大多数不止20年，既然这些技术已经没有专利保护了，那引进来用是不需要成本的，而且外国拥有这些技术的国家也不会要求使用这些技术的国家对其进行知识产权保护。

一个国家只有产业和技术在世界最前沿的时候，技术创新和产业升级才需要自己发明，发展中国家和发达国家在产业和技术上有很大的差距，可以以引进技术作为创新的来源，不需要自己进行一次"原始创新"，而且前沿技术和产业所需要的资本密集度超过自己的比较优势，发展中国家也不该在要素禀赋结构未具备条件的情况下贸然去和发达国家在前沿技术的创新上竞争，因此，发展中国家既然没有自己从事原始创新，也就不会有以知识产权保护来鼓励自己的原始创新的需求。由于没有知识产权保护的内外需求压力，发展中国家对知识产权保护也就不会太上心。

中国已经到了需加强知识产权保护的发展阶段

中国经济数十年高速增长的奇迹背后的原因之一就是，利用与发达国家的技术差距以引进技术来加速技术创新和产业升级。中国若要继续保持经济的快速发展，则必须重视知识产权保护，原因是什么？

2018年，我国的人均GDP达到9 750美元，是一个中等偏上收入的国家，很可能到2025年左右，中国的人均GDP会超过12 700美元，成为高收入国家。

从新结构经济学的角度来看，像中国这种发展程度的国家的产业可以分成五大类。第一大类是我们有，但比我们更发达的国家如德国、瑞士、日本也有，我们还在追赶的产业。第二类是已经在世界前沿的产业，像家电产业，我们有美的、格力、海尔，以及移动通信终端企业华为、小米的技术在世界上也是领先的。第三类，有些产业过去有比较优势，劳动力很密集，现在工资水平提高了，比较优势丧失了。第四类是弯道超车产业，这类产业技术研发的周期特别短，通常为12个月，顶多18个月就产生一代新产品。研发中最主要的投入是人力资本，我国是人口大国，人力资本很多，有巨大的国内市场，如果需要硬件，我国有最完备的产业。在这种弯道超车产业上我国有比较优势，可以跟发达国家在同一起跑线上竞争。第五类是国防安全与战略型产业，它的产品研发周期特别长，可能是10年、20年、30年，投入需要高人力资本，同样也需要有巨大金融资本的支持。这类产业我国尚不具有比较优势，但是，它跟国防和经济安全有关，没有比较优势也必须自己发展。

这五类产业的创新方式不同，第二类领先型、第四类弯道超车型、第五类国防安全与战略型产业的技术和产品我们都必须自己研发，因此，必须有和发达国家一样的严格的知识产权保护制度。对于第三类已经失去比较优势的产业，当中有些企业可以升级到微笑曲线两端附加价值高的品牌、新产品设计，这些也需要知识产权保护。至于第一类追赶型产业，虽然还能以引进技术作为技术创新和产业升级的来源，不过我们现在要追赶的产业绝大多数已经是发达国家还具有比较优势的产业，大多数技术还在知识产权保护期里，不支付专利费就不能引进。另外，我们也可以招商引资，让拥有这些技术的企业到中国来生产，但是，必须有良好的知识产权保护制度，它们才会愿意来投资。江苏太仓就做得不错，设了一个中德工业园，有两三百家德国企业在园里设厂，好的知识产权保护制度是投资环境的重要内容。所以，不管是需要自主创新的产业，还是可以引进技术作为创新来源的产业，我国都已经到了需要加强知识产权保护以利于技术创新、产业升级的发展阶段。

总的来讲，创新必须跟一个经济体的比较优势相结合才能够成功。中国已经有不少产业处于世界技术前沿，即使有些产业不在世界技术前沿，也需要进行知识产权保护，这样我们才能实现习总书记所讲的创新、协调、绿色、开放、共享的发展。

"因势利导"与"反弹琵琶"并用，发挥成渝优势[1]

新结构经济学是作为发展经济学和转型经济学而产生的，但当把结构的差异性与差异的内生性引入后，新结构经济学实际上是对现代经济学的一场结构革命，它涉及现代经济学的每个领域，包括本节讨论的成渝地区双城经济圈相关的经济地理。

从发展经济学来说，新结构经济学强调经济发展的本质是收入水平的不断提高，靠的是技术不断创新、产业不断升级来提升劳动生产力水平。在这个过程当中，需要"有效的市场"和"有为的政府"。

根据2016年发改委和住建部发布的《成渝城市群发展规划》涵盖的范围，成渝地区双城经济圈包括重庆的27个区县以及四川的15个市，总面积达18万平方公里，人口有9 094万，是一个相当大的地区。成渝

---

[1] 本文根据作者2020年5月31日在"新结构经济学助推成渝地区双城经济圈建设"专题讲座上的演讲整理。

经济圈地处西部,从要素禀赋来看,有像成都那样非常适合农业发展的平原,所以过去是天府之国,还有很多山区,适合种经济作物,并有各种矿产资源和非常丰富的旅游资源。所以,从自然资源禀赋的比较优势来看,成渝地区双城经济圈有不少地方适合发展农业、经济作物、矿产资源产业和旅游业。

要素禀赋除了土地、自然资源,还包含劳动力和资本。怎么了解成渝经济圈的劳动和资本要素的拥有量?一般来讲,最好的指标是人均 GDP 的水平。根据统计年鉴,2019 年重庆人均 GDP 是 75 828 元人民币,比全国 70 892 元人民币高了 6.9%,也就是说,重庆这 27 个区县的人均资本拥有量跟全国大约相等。在成渝地区双城经济圈里也有更发达的地方,像成都,当然也包括重庆核心的市区。成都在 2019 年时人均 GDP 已经超过 10 万元人民币,比全国的平均水平高了 40%,所以成都属于人均资本已经相对丰富的地区。四川整体在 2019 年的人均 GDP 则为 55 774 元人民币,不到全国的 80%。也就是说,在成渝地区双城经济圈,还有不少劳动力资源比较丰富、资本比较短缺的地区,内部差异相当大。在资本比较丰富的地区,具有比较优势的产业,会是资本密集型、技术密集型的,比较接近国际前沿。人均 GDP 低于全国平均水平的地区,具有比较优势的是劳动力比较密集的产业,可以承接经济圈内部和全国其他地区劳动力比较密集产业的转移。

我想强调一下,新结构经济学中的"禀赋"是指一个决策者在做决策时给定的、不可变的、有影响、需要考虑的因素,所以,除了土地、劳动力和资本,还包括许多其他要素,比如说社会资本、人力资本、技术资本等。从这种角度来看,成渝这个地方过去是三线建设的核心地区,在中央的支持下建立了很多属于赶超型的、资本非常密集的产业。这些中央支持的资本密集型产业实际上给当地形成了人力资本、技术能力禀赋。这些赶超型的产业需要中央财政支持才能够生存，地方政府，不管是重庆市还是成都市，甚至包括四川省都很难用地方财政来支持，但是倒是可以采用"反弹琵琶"的方式促进地方发展。也就是说利用这些资本密集的赶超产业已经积累的技术能力、人力资本和产业链，下一个台阶去发展符合当地比较优势又能充分利用这些技术能力、人力资本的产业。

改革开放以后，四川和重庆都有非常典型的成功案例。例如，四川绵阳是三线建设的重点，有飞机发动机、军用雷达等资本、技术非常密集和先进的产业，绵阳的长虹电气利用这些产业积累的技术能力和人力资本去生产成熟的、劳动力相对比较密集的彩色电视机取得非常大的成功。重庆的军工产业也非常好，能够生产坦克等，利用这些产业的技术能力和产业链，重庆成了我国摩托车生产基地，实际上如果能够生产坦克，用这样的技术、零部件、供应链来生产摩托车是轻而易举，这就是"反弹琵琶"。

所以成渝地区双城经济圈的发展有两种方式。

一是"因势利导"，根据地区的要素禀赋结构发挥"有效市场"和"有为政府"的作用，把具有比较优势的产业发展成在国内外市场上具有竞争优势的产业。

二是"反弹琵琶"，利用中央投资的赶超型、战略型产业形成的技术、人力资本、供应链，下一个产业台阶来结合当地的比较优势。"反弹琵琶"在成渝地区双城经济圈会有不少机会，尤其随着中美两国关系的变化，会出现美国利用在军事和技术上的优势，倾全国之力去卡中国企业脖子的事件，威胁到我国的国防和经济安全。中央很有可能会沿着过去三线建设打下的基础去布局一些关系到我国经济安全和国防安全的产业，这些产业的资本、技术极端密集，超过我国要素禀赋结构所决定的比较优势，但是，我国不能没有这样的产业。由于过去三线建设打下的基础，成渝经济圈会是承接这些产业的重要地区。中央的投入需要地方的配合，地方必须在基础设施、子女教育、生活环境、医疗条件上进行配套，这些高技术、高资本的产业才能够在成渝地区双城经济圈里落地生根。如果能落地生根，这些产业的技术、供应链就会有外部性，给成渝"反弹琵琶"发展当地具有比较优势的产业提供条件。

另外，经济地理也是发展经济学的一部分，强调每个地方的发展必须根据每个地方的比较优势，这个原则是不变的。但是要把一个产业从比较优势变成竞争优势，则需要有足够大的产业集群。除了好的交通基础设施、制度环境，供应链也要好。在发展阶段比较低，以农产品和劳动密集型产业为比较优势时，产业集群经常是"一乡一品""一县一品"，浙江就有很多这种在一个乡或一个县形成具有非常有效供应链的产业集群。但是，成都和重庆的核心地区实际上已经进入高收入经济体的阶段，发展的产业一般资本和技术很密集。这样的产业的特性是规模经济很大，很难在一个县、一个市里把所有的供应链都完备建立起来。这样的产业就必须有跨地区的合作。每个不同的地区根据当地的比较优势生产供应链中的一部分，这个比较优势可以是人才的比较优势，也可以是资本的比较优势、技术力量的比较优势，形成跨地区的产业集群、跨地区的经济协作。

我国政府现在提出长三角经济带、粤港澳大湾区、京津冀协同发展以及成渝地区双城经济圈，是因为我国现在人均 GDP 已经达到 1 万美元，即将进入高收入国家行列，国内比较发达的地区人均 GDP 已经达到 2 万美元，即将进入 3 万美元，在这种情况下，产业集群不会局限在一个市、一个县、一个区里面，需要跨地区合作，需要政府协同进行基础设施、营商环境的完善。成渝地区双城经济圈会给这样的基础设施、营商环境以及政策协调提供一个很好的平台。

所以总的来讲，从新结构经济学的视角来看，只要形成有效的市场，发挥好各个地区的比较优势，在有为政府的因势利导下，把成渝地区双城经济圈建设成我国的第四个发展极绝对是一个可以实现的理想。

第六章

金融如何推动经济发展

新结构经济学
与最优金融结构理论[1]

新结构经济学的一个核心假说是，一个经济体在每个时点上的产业、技术，以及"硬"的基础设施和各种"软"的制度安排是内生的。内生于每个经济体在那个时点上的禀赋包含很多东西，比如资本、劳动、自然资源、基础设施、人力资本、社会资本，或者是一个经济体所在的地理位置，以及一些现有的软的制度安排，包括金融制度、法律制度等。所以，从新结构经济学的视角来看，不同发展阶段的国家，最合适的金融结构是不一样的。

不同发展阶段的国家金融结构不同

金融学研究的核心问题是什么？现在新工业经济学在研究金融学的

---

[1] 本文根据作者 2018 年 7 月在清华大学"孙冶方金融创新奖"颁奖大会上的发言整理，有删节。

时候，一般认为金融对实体经济的影响主要是金融发展水平、金融深化程度，金融结构不重要。

但是，新结构经济学会更关注金融结构，也就是金融体系内部各种不同的制度安排，比如说银行、股票市场、债券市场的大银行与小银行的比例是什么样的，它们的重要性如何？

从新结构金融学的角度来看，金融的目的是服务实体经济，主要功能在于动员资本、配置资本、风险管理或者分散风险。

这种功能的发挥，决定不同发展阶段实体经济的特性，也决定各种金融安排本身的特性。有些金融安排就比较容易分散风险，有些就不容易分散风险，但是在实体经济上面，有些风险就比较小，有些风险就比较大，那在这种情况下，实际上什么是最好的金融结构呢？如果金融结构服务于实体经济，就必须跟实体经济的结构特性相符合，这样才能够比较好地发挥它动员资本、配置资本跟分散风险的基本功能，促进实体经济的发展。

现有文献中，研究不同金融安排对经济发展的贡献，通常从金融安排本身的特性入手，比如有人强调以银行为主发展金融，因银行在信息披露和信息处理上有优势；有人主张用金融市场主导型金融体系来发展金融，因金融市场在分散风险、风险管控上有优势，又可克服银行信用可能存在的道德风险。也有一些文献认为，重要的是金融深化，是银行主导还是金融市场主导无关紧要。另外还有一些文献从银行业内部结构状况考虑，分析其是相对集中还是相对分散，得出结论为相对分散有利于竞争，在此基础上，有文献认为银行集中度较低，有利于新的企业创立和经济增长，有文献则认为较高的银行集中度有利于经济发展。

第六章
金融如何推动经济发展

从新结构经济学的角度来看,一个最主要的观察是,一个国家的人均收入水平越高,其金融体系中的金融市场就越活跃,金融市场的重要性就越来越高,任何国家都是这样。同时我们也发现一个事实,小企业从大银行获得金融服务非常困难,也不可能在金融市场上融资,而且不同发展阶段的国家,小企业的比重和重要性不一样。收入水平低的国家,小企业越多,对创造就业、促进经济增长的重要性越高。

但是在目前的金融研究当中,这些事实特征没有得到足够的重视。前面这两类文献基本上都是从金融的供给侧来考虑这个问题,基本上没有看不同发展程度国家实体经济需求侧的特征是怎么样的。这是目前我认为新古典经济学研究在金融上的一个很大的弊端。

那么从新结构经济学的角度来看,它强调实体的经济活动的特性,这个特性取决于企业对金融服务的需求的特征。在不同的发展阶段,最优的产业结构是不一样的。比如说发展早期,资本一定是相对短缺的,具有比较优势的产业一定是劳动力相对密集的产业。劳动力相对密集的产业在国际分工当中一般是比较传统的、成熟的,这种产业的资本需求规模不大,规模效应小。反过来,发达国家的产业通常是在资本、技术很密集的产业,资本需求规模很大。

这种不同发展阶段的产业特征会影响企业的规模,进而对金融带来不少影响。金融交易当中存在一定的规模经济,不管是跟银行借钱还是股票上市,借100万元跟借1 000万元的交易费用差不多,再比如企业上市,融资1亿元跟融资10亿元,其实交易费用也差不多。

不同发展程度的企业,信息的透明度也不一样。劳动密集型产业的企业规模小的时候,其会计、审计、成本这些信息不太透明;规模大了之后,这些就会有很多记录,很容易被披露,信息的透明度就高。

如果要直接发债或上市，初期发债时要请投行做各种发行之前的工作，有固定费用，成本相当高，上市以后的信息披露也有一定的成本。那对于小企业来说，在金融市场融资的时候，由于它的规模特性，这些成本会让它处于不利地位。

从企业的风险特性来看，企业生产的产品需不需要创新和新技术，面临的风险不同，因为创新风险很高，不知道能不能发明成功。如果要自己发明并设计出新产品，设计时有风险，设计出来之后市场不接受也是一个风险。

当然还有企业家有没有能力、可不可靠的风险。不同发展程度的国家，所在的产业不一样。发展中国家劳动力比较密集的产业，融入的技术一般是成熟的技术，生产的产品一般是成熟产品，那企业的风险主要在于企业家有没有经营能力，可不可靠。发达的国家的产业技术在世界最前沿，虽然也有企业家能力、信用等风险，但它在发展过程当中，必须不断自己发明新产品、新技术，所以主要有技术创新的风险、产品的风险。

根据这样的思路，发展中国家最合适的金融安排是地区性的中小银行，因为银行家跟企业家在同一个经济体里面，经常会有交集，对当地的产业和企业家都比较了解。

在发达国家，因为需要的资本非常多，风险大，所以比较合适的金融安排是大银行或发行股票、债券直接融资。这一方面有利于动员资本，另一方面也有利于管控风险。

最后，最优金融结果是动态变化的，不管从什么产业、什么法律系统开始，早期通常都资本需求小、风险小，因为早期都是以成熟的劳动密集型产业为主。随着经济的发展，资本积累，产业升级，越来越往国际前沿靠，资本需求越来越大，同时产品、技术的风险也越来越高，金融安排就必须与之相适应。

早期金融结构应以地区性中小银行为主

从新结构经济学的角度来看，不同发展阶段，由于要素结构不一样，产业技术的风险特性不一样，金融需求的特性就不一样，金融服务的特性也很不一样。早期应该以地区性中小银行为主，随着经济发展，在此基础之上不断往大银行、股票市场等直接融资的方式发展。

经济落后的国家，应该防止在金融发展过程中，直接以发达国家的金融结构作为自己的金融结构。世界银行跟国际货币基金组织在这一点上曾经犯了很大错误。20世纪80年代，"华盛顿共识"改革以后，世界银行、国际货币基金组织在发展中国家推动的是全国统一的大银行。它们认为原来那些地区性的、比较传统的金融结构是落伍的，应该取消，在发展中国家普遍推动股票市场和债券市场的发展。但是，发展中国家的生产活动主要在传统农业，还是以微型、小型的企业为主。

在这种金融制度的赶超之下，结果可想而知，金融没有办法服务于实体经济。

最优金融结构要随着经济发展来演进，才能真正服务于实体经济。

孙希芳、伍晓鹰和笔者合著的《银行结构和产业增长：来自中国的实证研究》一文是最优金融结构理论的一个应用，以实证分析方式研究中国的银行结构和产业发展的关系。中国银行体系非常庞大，但从现有实证研究来看，金融业的发展与经济发展之间没有显著的正相关性，甚至近年金融业的发展和实体经济产生了负的相关性。这意味着中国金融体系当中信贷配置存在扭曲，导致金融资源没有办法配置到经济中最有效率的部门，才会产生金融业发展程度很高，但越发展对实体经济的贡献越不显著的现象。

是什么导致中国金融业配置的扭曲？目前有两种看法。从新结构经济学角度来看，是结构的扭曲导致的。中国在20世纪80年代到2002年是一个低收入国家，经济中主要的生产活动是以小农户为主的农业，以及以微型、小型、中型企业为主的制造业和服务业。即使到今天，80%的企业还是中小微企业和农户，50%以上的GDP还是由这些微型、小型、中型企业创造的。但是，在大银行加上股票市场为主的金融结构当中，这些主体是得不到金融服务的，必然产生融资难、融资贵的难题。这是从新结构经济学的规模结构观来看的。

新古典经济学的解释认为，中国的金融结构中一个最大的问题是银行，是以大银行为主，而且是国有的，它们有自己的偏好，主要服务于国有大企业。

以大银行为主的金融结构导致的扭曲，其金融资源配置效率低下的原因到底是结构问题还是所有制问题，我们必须以实证的方式把它区分开来。上述论文做了一个实证分析，看1999年到2007年这几年中30个省份28个产业的增长率，并看其是劳动密集型还是资本密集型产业。文中的一个变量是和每个省份的非四大国有银行的交叉项，即中小银行的分量对其产业发展的影响。另一个重要变量是非国有企业和非国有银行的交叉项。总体而言，得出结论为，从规模观来看，中小银行越多，劳动密集型产业发展越快；而从所有制观来看，非国有银行比重越大，非国有企业发展越快。这是两个竞争性的假说。

论文在计算资本劳动比时用了三套数据。一个是官方的数据，即28

个产业官方的数据，一个是美国 NBER-CES 制造业数据，一个是我们的合作者伍晓鹰估算的数据。这三套数据其实反映的基本还是相同的事实：控制了银行业所有制结构效应后，中小银行市场份额更高的省份，劳动密集度高的行业发展速度更快，支持了新结构经济学所倡导的观点，金融结构应该与实体结构相适应，这样才能更好地服务于实体经济的发展。所有制假说也得到了支持，即控制银行业规模结构效应后，非国有银行市场份额更高的省份，非国有企业比重更高的行业的增长速度也会更快。

这些结论支持了中国 2003 年以来四大国有银行实施股份制改革，减少其国有特性的做法。这种改革一定程度上提高了银行业资金的配置效率。论文的实证结果也意味着中国当前的银行业改革很有必要改变银行规模过大、过度集中的特征，应落实第三次全国金融工作会议上提出的支持地区性中小银行的发展。目前，这个方向是明确的，但是步伐非常小。实际上，有必要加快地区性中小银行的发展，以便更好地服务于现在产业比重较高、劳动相对密集、规模相对小且具有比较优势的产业发展。

金融创新如何推动高质量发展[1]

高质量发展要以人为本，最主要是要满足人民日益增长的对美好生活的需要。如何才能够满足这个需要？总体而言，是要发展生产力，在发展生产力的过程中则必须克服不平衡、不充分发展的问题。供给侧结构性改革是克服不平衡、不充分发展问题的主要举措。解决不平衡问题的主要方式是深化改革，补短板则需要进一步发展。发展的过程应该按照五大发展理念来推进。创新是手段，协调、绿色、开放、共享是目标。那么，究竟如何创新，以及创新究竟需要什么样的产业政策？我们首先在新结构经济学视角下分析这一基础问题，然后在此基础上分析制约高质量发展的金融结构性矛盾和短板，并提出化解这些矛盾和补短板的金

---

[1] 本文为《2019·径山报告》分报告内容摘要，作者为林毅夫、付才辉、任晓猛。《2019·径山报告》由中国金融四十人论坛（CF40）主办、浙商银行独家支持，主题聚焦"金融创新支持经济高质量发展"。

第六章
金融如何推动经济发展

融供给侧结构性改革举措,以及在尊重金融市场规律基础上的金融精准支持。金融结构改革和金融精准支持是两个关键点。

习近平在 2019 年 2 月 22 日中共中央政治局第十三次集体学习时强调,立足中国实际,走出中国特色金融发展之路。深化金融供给侧结构性改革必须贯彻落实新发展理念,强化金融服务功能,找准金融服务重点,以服务实体经济、服务人民生活为本。要以金融体系结构调整优化为重点,优化融资结构和金融机构体系、市场体系、产品体系,为实体经济发展提供更高质量、更有效率的金融服务。推动金融服务结构和质量来一个转变。要更加注意尊重市场规律、坚持精准支持。[1]

我们认为,中国特色金融发展之路的"特色"最关键之处,体现在我国作为发展经济体的发展阶段由禀赋结构内生决定的产业结构对金融结构的需求特色,以及我国作为转型经济体也必然存在的金融结构扭曲与短板的改革特色。因此,我国金融创新的内涵也应该体现在需求特色和改革特色上,从需求特色来讲就是金融精准支持的金融产品创新,从改革特色来讲就是金融结构改革的制度创新。从这个角度而非发达国家的金融创新标准来讲,中国现阶段的金融创新有其独特之处,也唯有如此才能更好地服务于实体经济,促进高质量发展。

我国作为收入水平中等偏上的世界第二大经济体,既存在远离世界前沿的追赶型产业,也存在处于世界前沿的领先型产业,还有迅速接近世界前沿的弯道超车型产业,以及逐渐失去比较优势的转进型产业,并且也必须发展虽然目前不具备比较优势但对国防与经济安全重要的战略

---

[1] 新华网,2019 年 2 月 23 日,http://www.xinhuanet.com/2019-02/23/c_1124153936.htm。

型产业。追赶型产业在现阶段还是占主导地位的。例如，2018年中国的人均GDP虽然达到9 750美元，但是依然只有美国的15%、英国的22%、德国的20%、法国的23%、意大利的28%、加拿大的20%、日本的23%。这种人均GDP的差距反映的是劳动生产率水平的差距，代表中国现有产业的技术和附加值水平，比发达国家同类产业的水平低，处于追赶阶段。又比如，以弯道超车型的独角兽企业为例，有调查报告显示，2018年虽然从数目上看，中国是美国的1.4倍，从估值上看，中国是美国的1.7倍，但估值也不到9 600亿美元。

上述各种类型产业的创新方式又各不相同。相应地，所需的各种产业政策与因势利导方式也各不相同，这也是习近平强调的产业政策要准。对应地，所需的金融支持也各不相同，要更加注意尊重金融市场规律，这也是习近平强调的金融精准支持。

追赶型产业的创新方式是以引进、模仿、改进为主，银行贷款或发债是其主要的融资来源。如是大企业，追赶时首先由银行来支持，通过并购等手段引进学习已有成熟技术。如是小企业，一些中小银行即可满足。

对必须以自主研发为主要创新方式的领先型、弯道超车型产业来说，资金的来源也不尽相同。领先型产业的企业通常相当成熟，资金需求主要通过自有资金或股票市场满足。对转进型企业来说，创新方式一般为开发新产品或者进行渠道管理、质量管理，资金需求主要由银行支持。弯道超车型产业，需要自主创新，此类产业的金融支持将更多依靠天使资本、风险资本等能够分散风险的方式，等技术、产品成熟后，则可通过上市来解决大规模生产的资金需求并给天使资本和风险资本退出的渠道，或被对此新技术、新产品感兴趣的大公司收购。

第六章
金融如何推动经济发展

对于国防安全跟战略型新兴产业，由于还不具备比较优势，研发需要政府的资金支持，资金支持的方式主要是财政直接补贴，国家可以设立基金补贴研发或国家通过财政进行采购，通过政策性金融提供金融支持。例如，2017 年，政策性银行包括国家开发银行，其总资产占银行业总资产比重已经达到 9.38%，是不小的数目了。因此，除了战略型产业需要政策性金融支持，其余四类产业均需市场化。这就是为什么习近平要强调，金融要更加注意尊重市场规律、坚持精准支持。

我国的金融业伴随经济发展取得了长足的进步，但现阶段我国的金融发展有供给错配之虑和脱实向虚之忧。例如，我国 2018 年年末金融业总资产达 268.24 万亿元，金融业增加值达 6.91 万亿元，其占 GDP 比重达 7.68%，高出 2008 年 1.94 个百分点。2018 年的 GDP 是 2008 年的 2.82 倍，但金融业增加值是 2008 年的 3.77 倍。在全球金融危机之后，中国金融业增加值占 GDP 比重甚至超过了美国、英国、日本等发达国家的水平。按照国际货币基金组织的标准，2016 年中国的金融发展指数为 0.651 3，处于第 33 位，远高于中国经济发展水平的位次（2015 年中国的人均 GDP 在统计的 232 个国家中居于第 81 位）。

如果按照国际货币基金组织的标准，不能说中国金融体系没有效率——恰恰相反，这种传统金融发展理论视角下的"通过金融机构的赢利能力和资本市场的流动性来测定"的金融效率"太高"了。例如，根据国际货币基金组织的金融发展指数，2008—2017 年中国金融机构效率指数平均值高达 0.867 5，高于同期韩国金融机构效率指数平均值 0.805 6；2008—2017 年中国金融市场效率指数平均值高达 1，等于同期韩国金融市场效率指数平均值，但远高于与中国处于类似发展阶段时期的韩国，如 1980—1988 年韩国金融市场效率指数平均值为 0.697 4。

但为什么大家还普遍感觉金融服务实体经济的能力不强,至少还有很大的改进空间?我们认为主要是因为结构性矛盾。例如,还是根据国际货币基金组织的金融发展指数,以"通过个人和企业获取金融服务的可能性衡量"的金融可及性太差了。2008—2017年中国金融机构的可及性指数平均值只有0.270 7,远低于韩国同期的平均值0.698 7,也低于1980—1988年韩国的平均值0.375 3;2008—2017年中国金融市场的可及性指数平均值为0.277 8,远低于韩国同期的平均值0.755 7,只与1980—1988年韩国的平均值0.200 3相当。利用中国投入产出表对各行业的金融直接消耗系数的测算可知,金融和地产行业是金融高消耗行业,如果金融脱实向虚,金融资源就只在金融行业内部空转以及被与其密切相关的房地产行业挤占,难以流入制造业和创新创业等实体经济以及农业和民生等薄弱环节。

我国金融体系存在三个层次的七大金融结构性矛盾

正如徐忠所指出的:"根据林毅夫提出并论证的'最优金融结构理论',只有金融体系的结构与实体经济的最优产业结构相互匹配,才能有效发挥金融体系功能,促进实体经济的发展。随着供给侧结构性改革的不断深化,我国金融体系结构是否与转型升级中的经济结构相匹配?在日趋丰富和复杂的金融体系中,钱都去哪了?资金是否流向了实体经济?'小微''三农'等社会薄弱环节和民营企业的融资需求是否得到有效满足?绿色信贷是否足够支持绿色经济发展?实体经济的直接融资比重是否有所提高?……在当前推进经济高质量增长的转型阶段,对于这

第六章
金融如何推动经济发展

些经济结构变化，以及金融体系与之适应的演进问题更值得关注。"[1] 针对如何发展金融以适时避免高质量发展过程中的金融脱实向虚问题，现代化的金融体系要以服务现代化经济体系为金融创新的根本原则，在此原则之下都应该鼓励监管到位的金融创新，包括金融科技和金融产品创新以及金融制度创新等。

因此，可以说目前中国金融体系的根本问题不在于总量不足和水平不高，而在于结构性矛盾，导致其服务于实体经济的能力低下，跟不上高质量发展的需求，脱实向虚。

从大的方向上来概括，现阶段我国金融体系存在三个层次的七个金融结构矛盾：第一个层次的金融结构矛盾是直接融资与间接融资之间的结构矛盾；第二个层次的金融结构矛盾是直接融资、间接融资内部的结构矛盾；第三个层次的金融结构矛盾是小微企业升级与中小银行之间的结构矛盾，产业升级与金融产品之间的结构矛盾，产业升级与债券市场之间的结构矛盾，产业升级与股票市场之间的结构矛盾。

这三个层次的七个金融结构矛盾是制约我国金融体系服务实体经济能力以及诱发金融脱实向虚的根源。

按照新结构金融学的基本原理，随着经济发展水平的提高，金融结构的演进会逐步偏向直接融资而使间接融资的比重下降。如果金融结构不随发展阶段而调整，则会产生第一个层次的直接融资与间接融资之间的结构矛盾。当然，这一层次的金融结构矛盾相对比较宏观，因此影响该金融结构演进的因素有很多，世界上的各个经济体在整体演进趋势之

---

[1] 徐忠，《新时代背景下中国金融体系与国家治理体系现代化》，《经济研究》，2018 年第 7 期。

外还存在很多离散情况。在此基础上，第二层次和第三层次的金融结构矛盾则相对具体得多，因此也更多源于我国现阶段金融体系的具体问题，而非世界性的普遍矛盾。

现阶段我国金融体系存在的三个层次的七个金融结构矛盾，需要深化金融供给侧结构性改革来逐步化解。

直接融资与间接融资之间的结构矛盾

由于不考虑结构，学界围绕金融市场和金融中介对经济发展来说谁优谁劣争论了数十年而无定论，最著名的例子莫过于英美金融市场主导论和日德金融中介主导论。

事实上，新结构金融学的最优金融结构理论为英美的金融结构以市场为主导，而日德的金融结构以银行为主导的争论提供了一个新的视角。[1]

自工业革命一直到20世纪初，英国是世界上最发达的国家，美国则自20世纪初取代英国成为世界上最发达的国家。英美的主导产业和技术先后处于世界产业技术的最前沿，适合其产业、技术的金融安排为能大量动员资金并分散风险的股市直接融资，所以，英美的金融体系具有市场主导的特征。

德国、日本的人均收入则在20世纪80年代以后才达到美国的水平。

---

[1] 林毅夫、孙希芳、姜烨，《经济发展中的最优金融结构理论初探》，《经济研究》，2009年第8期。Justin Yifu Lin, Xifang Sun and Ye Jiang, "Endowment, Industrial Structure and Appropriate Financial Structure: A New Structural Economics Perspective", *Journal of Economic Policy Reform*, 2013, 16(2): 1–14.

在相当长的时间内，其主导产业处于世界产业、技术链的内部，相对于处于最前沿的国家，其企业的技术创新风险和产品创新风险较低，所以，企业的融资也相对侧重于银行融资。当然，随着德日经济的发展，其产业和技术越来越接近甚至处于世界的前沿，所以其股票市场的重要性也会越来越高，金融结构与最发达国家的差异会越来越小，与本国过去的差异会越来越大。

单就美国而言，随着其产业结构不断升级，金融结构中的直接融资比例不断升高，而间接融资比例不断下降。

日本也遵循类似的金融结构随产业结构变迁而变迁的规律。此外，其实日本的金融结构（上市公司的市场资本总额／银行部门提供的国内信贷）相对于美国而言，也展现出了在追赶阶段随经济发展水平收敛而收敛的趋势。因此，尽管存在很多其他影响因素，但是随着经济发展水平越来越高，金融结构的演进会逐步偏向直接融资而使间接融资的比重降低，这是一个世界性的结构变迁趋势。当然，最优产业结构的变迁是一个连续渐进的过程，相对应的最优金融结构的变迁也应是渐进的过程，并且是一个多元化的过程。[1]

中国过去 40 年来正快速经历着产业结构和金融结构的变迁过程。从发展阶段上看，按照 2010 年不变价美元计算，中国 2017 年的人均 GDP 是 1977 年的 26 倍、1987 年的 12 倍、1997 年的 5 倍、2007 年的 2 倍。从经济结构上看，改革开放前 20 年，中国完成了以劳动密集型的轻工业为主的结构转型，后 20 年中国正在进行以资本密集型重工业和知识

---

[1] Asli Demirgüç-Kunt, Erik Feyen, and Ross Levine, "The Evolving Importance of Banks and Securities Markets", *World Bank Economic Review*, 2013, 27(3): 476–490.

技术密集型产业为主的结构转型。[1] 中国的出口商品结构变迁可以清楚反映这一点。例如，工业制成品出口占比，1980 年不到 50%，2016 年高达 95%；相对资本比较密集的机械及运输设备出口占比，1985 年只有 2.82%，1998 年上升到 27.33%，2016 年达到 46.92%。根据世界知识产权组织等机构发表的全球创新指数，在 129 个国家和经济体中，中国的创新指数从 2013 年的第 35 位上升到 2019 年的第 14 位。中国在专利数量、工业设计、商标数量、创意、高技术出口等方面位居世界前列。这意味着，随着中国经济的资本密度越来越大，创新水平越来越高，对投资和风险管理要求会越来越高，进而对金融的需求也越来越大。与此同时，中国经济结构转型升级和创新的内容如前面五类产业所刻画的，也变得越来越多元化，同理金融需求也会随之越来越多元化。

从中国社会融资增量结构中可以看到，人民币贷款占比从 2002 年的 91.86% 下降到 2017 年的 71.19%，15 年间下降了 20 个百分点。但是，2010—2017 年非金融企业境内股票融资占比平均不足 4%。并且，从最近 16 个月的社会融资规模存量结构中也可以看到，社会融资规模存量总量虽然保持了两位数以上的增速，但是人民币贷款的增速更快。这其实是进一步通过间接融资满足经济体迫切的融资需求，强化了债务杠杆，弱化了直接融资。如果采取这种政策取向，可能只是缓解实体经济融资需求扩展的权宜之计，并非根本之策，甚至与宏观上去杠杆的供给侧结构性改革相冲突，会积累更多的金融风险。因此，要提高直接融资比重，优化间接融资结构，化解我国融资结构性矛盾。

---

[1] 文一，《伟大的中国工业革命》，清华大学出版社，2016 年。

间接融资内部的结构矛盾

如前所述，2018年我国的人均GDP虽然达到9 750美元，但是依然只有美国的15%，因此尽管存在直接融资与间接融资之间的结构矛盾，但是发展阶段尚未迈入需要美国那样的直接融资主导的金融结构阶段，在相当长一段时期内，间接融资主导的金融结构更适合于我国。例如，美国的存量社会融资规模结构中直接融资占比在2017年超过80%，而中国正好相反，间接融资超过80%。尽管中国的间接融资比重过高，但不可能以美国的水平为参照。纵使如此，我国现阶段间接融资内部依然存在结构性矛盾。

众所周知，我国改革开放之前的金融体制完全是中央计划体制，改革开放之后的金融结构也由几家大型国有银行主导。经过过去几十年的改革，我国银行业结构也出现了巨大的转型，间接融资结构变得多元。例如，大型商业银行的总资产比重从2005年的53.52%下降到2017年的36.29%，农村金融机构与城商行的总资产比重从2005年的17.74%上升到2017年的35.46%。但是，服务于中小企业的中小银行以及服务于产业升级和技术创新相关的金融产品依然滞后。例如，截至2017年末，中小微企业的数量占全部企业数目的90%，贡献了50%的税收、60%的GDP、70%的专利、80%的就业，然而小微企业贷款余额仅占据了金融机构各项贷款余额的25%左右。从本质上讲，这其实就是小微企业与银行业组成之间的结构矛盾。

此外，如前所述，随着中国经济结构的不断升级，产业结构越来越多元，创新的方式也越来越多元，投资需求和风险类型也随之多元化。对应地，金融产品也需要随之多元化，然而现阶段的金融体系提供的金融产品还相对滞后，存在产业升级与金融产品之间的结构矛盾。从本质上讲，这其实就是利率市场化与风险定价之间的矛盾。

因此，要支持中小银行转型，鼓励金融产品创新，化解我国间接融资内部结构性矛盾。

小微企业与银行业组成之间的结构矛盾

除了在第一层次的直接融资与间接融资之间存在内生于要素禀赋结构决定的最优融资结构之外，间接融资内部也存在对应的最优银行业结构。相对于规模较小的银行，大银行在甄别软信息（例如企业家经营能力）方面不具有比较优势，大银行为了防范企业家风险，需要严格要求企业的抵押品数量并施行严格的违约清算。大银行的这种融资特性决定了其难以为中小企业提供有效的金融支持，但却能帮助大企业有效地节约信息成本、减少利息支出，大银行的融资特性与大企业的企业特性相互匹配。

要从根本上缓解中小企业的融资约束，关键在于改善银行业结构，满足中小企业对中小银行的金融需求，发挥中小银行善于甄别企业家经营能力的比较优势，而不是通过行政干预要求大银行服务于中小企业。[1] 这便是新结构金融学关于最优银行业结构的基本理论和政策主张，从供给侧调整优化银行业结构，鼓励中小银行发展，满足中小企业的生产创新融资需求，降低大银行的政策性与行政干预负担。不同类型的银行各司其职，协同共促。这基本上符合目前中国的情况，发展中小银行有利

---

[1] 张一林、林毅夫、龚强，《企业规模、银行规模与最优银行业结构》，《管理世界》，2019年第3期。

第六章
金融如何推动经济发展

于中国制造业产业的增长。[1]

然而，如前所述，贡献了一半税收、六成 GDP、七成专利、八成就业，占企业数目九成的中小微企业却只获得了不到三成的贷款。围绕这一长久的金融结构性矛盾，国家和各级政府也做出了不懈的努力，形成货币、财税、监管等"几家抬"的比较完整的体系，实施稳健的货币政策，灵活运用定向降准等货币政策工具，建立对中小银行实行较低存款准备金率的政策框架，也取得了一定的成效。例如，2018 年国务院进一步出台了一系列缓解小微企业"融资难、融资贵"问题以及降低税费的政策举措。2019 年的《政府工作报告》也明确提出，当年国有大型商业银行小微企业贷款要增长 30% 以上，小微企业综合融资成本必须明显降低。要求商业银行对普惠小微企业贷款单列全年信贷计划，发挥大银行的"头雁"作用，并带动其他金融机构降低小微企业贷款利率；推动国家融资担保基金加快发挥作用，督促金融机构疏通内部传导，引导建立商业可持续的长效机制。央行在 2019 年 5 月 15 日开始对县域的金融机构实行比较低的准备金框架，把 1 000 多家农村商业银行的准备金从 11% 降到了 8%，能够放出 3 000 亿元人民币，分 3 个月，每次释放 1 000 亿元，这样能够使 1 000 多家县域的农商行均匀地运用到这批增量的钱，主要用于发放小微和民营企业的贷款。由于未来相当长一段时期，中小企业依然是我国的主体，结构性降准的推动作用很大。

截至 2019 年 5 月末的数据显示，上述政策框架取得了十分显著的成效。例如，普惠小微贷款余额 10.3 万亿元，同比增长 21%，不仅比

---

[1] Justin Y. Lin，Xifang Sun, Harry X. Wu, "Banking structure and industrial growth: Evidence from China", *Journal of Banking & Finance*, 2015, 58: 131–143.

2018年末的增速高5.8个百分点，也远远超过同期总贷款余额13.4%的增速。信贷支持的小微经营主体达到2 365万户，同比增长35.4%。五家国有商业银行的普惠小微贷款余额比2018年底增长23.7%，平均贷款利率4.79%，较2018年全年下降0.65个百分点。在小微企业贷款余额中，信用贷款占11.3%，比2018年末提高2.5个百分点。这些数据确实给人一种欢欣鼓舞的感觉，但真实的政策效果还需要系统性分析。[1]

因此，虽然可以通过政策干预或科技金融增加对中小微企业的金融服务，但结构性问题是根本。例如，一项新结构金融学的实证研究利用全国县级层面2006—2011年的数据发现，国有大型商业银行贷款每增加1元，对中小企业的贷款会增加0.056 8元，而股份制商业银行、城商行和农村金融机构贷款每增加1元，对中小企业的贷款分别会增加0.1元、0.199元和0.248元。[2]

高质量发展与金融产品之间的结构矛盾（利率市场化矛盾）

现阶段在经济结构快速转型升级过程中，我国中小微企业面临的金融问题可能比过去更加复杂。过去符合中国比较优势的劳动密集型产业正在加速转型升级，企业规模和风险也在随之增长。过去支持此类产业发展的大中型银行与地区中小银行等组成的间接融资金融体系是最优的，但现阶段却难以满足转型融资的需求，需要在规模和业务上进行转型，在加强监管的条件下推进金融创新，以满足更多元化的金融需求。

---

1 黄益平，《对小微信贷政策效果应做独立评估》，《清华金融评论》，2019年第7期。
2 刘畅、刘冲、马光荣，《中小金融机构与中小企业贷款》，《经济研究》，2017年第8期。

一项新结构金融学进行的调查研究发现，处于转型升级阶段的劳动密集型中小企业，融资需求呈现出与常规经营阶段显著不同的特征。不同的转型升级路径对融资的额度、期限、条件等提出了不同的要求。如果劳动密集型中小企业转型面临的风险越大，那么转型融资的风险也相应越高。因此，相比中小企业常态融资需求"短、小、频、急"的典型特点，劳动密集型行业中小企业转型升级的融资需求具有"长、大、稳、综"的新特征。[1]因此，转型融资需求与银行业组成，特别是地区中小银行的间接融资方式之间的矛盾进一步激化。例如，通过2017年中资大型银行和中小型银行人民币信贷收支表的比较，可以看到一些可能反映这种结构性矛盾的典型特征：在资金运用结构中，中小银行的股权及其他投资占比高达16%~18%，高出大银行12~13个百分点；境内贷款结构中，中小银行的短期贷款高达43%~46%，高出大银行19~21个百分点；在资金来源结构中，中小银行的银行业存款类金融机构往来额占比高达10%~11%，高出大银行8~9个百分点。

显然，中小银行的短期贷款只能满足中小企业的常规融资需求，无法满足更大规模和更高风险的转型融资需求。中小银行的股权及其他投资一定程度上满足了这种转型融资，但这种资金的股权式运用与通过银行同业拆借和存款等资金的债务式来源相互矛盾，会加剧中小型银行的信用风险。所以，中小企业的常规融资需求与转型融资需求有所不同，传统的中小银行的贷款方式难以满足此种需求，需要创新金融产品。事实上，上述劳动密集型产业的转型融资涉及前述五类产业中的转进型产

---

[1] 黄阳华、罗仲伟，《我国劳动密集型中小企业转型升级融资支持研究——最优金融结构的视角》，《经济管理》，2014年第11期。

业，除此之外，人力资本密集、轻资产、短周期的弯道超车型产业也面临类似的金融结构矛盾。例如，前面提到的独角兽企业的市值，我国已经超过美国。根据国家知识产权局的统计数据，2017年，我国专利质押融资总额为720亿元，同比增长65%；专利质押项目总数为4 177项，同比增长60%。因此，为了更好地服务于高质量发展，我们认为中国中小型银行虽然过去有很多进步，但未来还需要继续发展，不过发展方向不再是向大银行转型，而是扎根本地，根据禀赋特点、产业结构、金融需求特点做好服务当地的工作。例如，南京银行的小微金融创新有：面向小企业的"鑫活力"，面向科技型企业的"鑫智力"，面向微型企业和个体工商户的"鑫微力"，面向文化企业的"鑫动文化"，面向农业的"鑫星农业"。南京银行也推动了"鑫伙伴"计划，其模式介绍为"南京银行一直将小微企业视为天然盟友和赖以生存的土壤，积极遵循创新、协调、绿色、开放、共享五大发展理念，持续支持地方经济转型升级，着力提升服务实体经济效率"。

直接融资内部的结构矛盾

虽然现阶段适合我国的最优金融结构在相当长一段时期内依然会侧重于间接融资，但提高直接融资比重是重要的趋势，直接融资内部的结构矛盾也需要重视。债券融资和股票融资是直接融资的两种重要形式，但前者本质上是债务式融资，后者本质上是股权式融资。

当产业结构还不处于世界前沿时，所用的技术、所生产的产品、所销售的市场都较为成熟稳定，如果行业符合比较优势则其景气度较高、增长前景稳定、资本投资回报率较高，此时产业中的企业会倾向于通过举债的形式加杠杆，如果银行间接融资成本相对较高的话，具有一定融资规模的企业也会倾向于采取发行债券的方式直接融资。与之相反，随着产业结构向世界前沿转型升级，所用的技术、所生产的产品、所销售的市场都面临较高的不确定性，风险也随之增加，此时产业中的企业会倾向于采取股权融资的方式以分散风险和降低利息费用，尤其是杠杆率比较高的企业可以借此去杠杆。例如，美国的产业结构目前大多处于世界前沿，对应地其直接融资中股票融资比重很大，因此非金融企业的杠杆率相对较低；而中国的产业结构不少还不处于世界前沿（即前述的追赶型产业），对应地杠杆率会较高。根据国际清算银行的可比数据，截至2019年第三季度，中国非金融企业部门杠杆率为152.9%，而美国则为73.9%。当然，我国与美国的发展阶段不同，不能以美国作为参照系，但是随着我国发展水平的不断提高，杠杆率理应逐步下降，可是全球金融危机之后10年，中国的非金融企业杠杆率不降反增。

高质量发展与债权融资之间的结构矛盾

作为直接融资的债券融资内部也存在结构，例如企业债券和政府债券（国债和地方政府债）之间的比例关系。在经济结构转型升级过程中，政府需要协调或者直接提供软硬基础设施来克服产业结构升级的瓶颈。因此，政府需要为软硬基础设施建设融资，除了财政和信贷渠道，发行政府债券融资是重要的融资方式。随着基础设施建设的逐步完善，债券融资结构中的政府债比重应该逐步下降，企业债比重应该逐步上升。然而，过去十几年我国新发债券规模类型的构成比例中，虽然国债的比重下降较快，但是地方债比重却上升得很快，企业债占比很小并且有萎缩之势。例如，2018年国债和地方政府债券分别占新发债券规模的37.7%和42.8%，以非金融企业为主体的债务融资规模仅占了不到20%。

此外，基础设施项目除外部性特征之外，还具有规模大、周期长、资本密集和沉没成本高的特点，需要很长时间才能建成并产生收益，是典型的"耐心资本"。[1]因此，这与目前的政府债务可能存在期限错配的结构性矛盾。例如，一项实证研究基于2009—2015年间886家地方政府融资平台的面板数据，发现地方政府融资平台的新增投资显著依赖于短期借款，期限错配现象明显。[2]可以考虑开发性金融在提供中长期贷款中的作用来化解基础设施融资的期限错配问题。开发性金融以政府信用为依托，以市场化运作为手段，一方面可以有效降低融资成本，另一方面，通常融资期限比较长。以开发性金融支持具有正外部性的政府投资项目，可降低政府债务带来的风险。

高质量发展与股权融资之间的结构矛盾

以股票市场、风险投资等为代表的股权融资是现代金融体系中直接金融安排的主要形式。以上市发行股票为例，企业作为资金需求者发行股票直接向资金供给者募集资金，资金供给者成为企业的股东，按其股

---

[1] Lin, Justin Yifu and Wang, Yan, "The New Structural Economics: 'Patient Capital' as a Comparative Advantage", *Journal of Infrastructure, Policy and Development*, 2017, 1(1): 4–23.
[2] 刘红忠、史霜霜，《地方政府干预及其融资平台的期限错配》，《世界经济文汇》，2017年第4期。

权的比例分享企业的利润，其投资回报是不固定的。当企业破产时，企业只有在偿还各种债务后才能向股东分配剩余的资产。从这个意义上讲，资金供给者投资股票需要承担相当大的风险。因此，资金供给者只有在预期投资回报率足够高时，才愿意进行股权投资。但是，企业的每笔融资可以划分成许多小额的股票，从而可以将风险分散于众多的投资者。同时，资金供给者可以选择多样化的投资组合，以降低其投资风险。

企业公开发行股票进行融资的一个好处是，允许资金供给者对企业投资项目有不同的信息和看法。风险投资、私募股权投资与股票市场的运作机制类似，但是入场时间更早。在企业还处于初创期或成长期时，企业的硬信息（固定资产、成熟规范的财务制度、稳定的现金流）较少，人力资本以及研发成果等无形资产是企业的主要资产类型。由于缺乏硬信息，这一时期的企业很难利用间接融资获取研发所需资金，风险投资与私募股权基金等直接融资方式就可以解决这个问题，满足初创型与成长期企业的融资需求。风险较高的新技术项目更易通过金融市场获得所需要的资金。另外，股权投资者获得的回报不是固定的，短期内股票回报率的降低不会导致企业面临被投资者要求破产的危险。

因此，股权融资是有利于接近世界前沿的新兴产业和新技术项目的融资方式。以美国百年来市值最大的10家公司的产业类型分布为例（数据来自 HowMuch.Net），美国的产业经历了由传统工业到电子工业再到信息工业的发展过程。产业逐渐从传统的粗放型比如钢铁厂、橡胶厂，到精细化工业比如自动化机器厂商、电影行业、零售行业，再到服务型工业中的科技公司、金融公司。

每个时代产业变化的背后是技术的变迁。1917年的美国工业仍然受益于第二次工业革命的发展，尚处于电气化社会的发展完善阶段，对橡胶、石油等原材料的需求旺盛；而到1967年，美国已经基本完成了电气化革命，进入工业产业精细化，更加贴近消费者日常需求的产品更受欢迎，比如电影、汽车、零售行业。而发展至2017年，由于20世纪末到21世纪初互联网技术的进步和突破，科技公司和金融公司等服务产业占据了主流。

另外一个非常重要的现象是，快速的结构变迁会加速企业成长。从上述资料中可以看到，与以前的顶级公司相比，2017年中占据前四的科技公司成立时间都很短，无论是苹果还是谷歌，都没有超过40年，脸书甚至连20年都不到。因此，可以说美国的股市和新兴产业升级及新技术相互成就。对比近20年来美国纽约股市与中国沪深股市市值结构的行业分布（数据来自Bloomberg），可以看到中国的情况是金融、工业和原材料行业上市公司市值占比偏高，分别高出美国纽约股市的10.8个百分点、9.2个百分点、6.2个百分点，而美国纽约股市的通信服务、信息技术两大行业市值占比偏高，分别高出中国沪深股市的9个百分点和4.6个百分点。虽然中国的产业结构和技术水平相对于美国而言更远离世界前沿，但是就股市所应服务的新兴产业和新技术目标而言，目前中国股市服务了相对成熟的传统产业。

换言之，中国股市实际发挥的功能与银行并无二致。这可能与中国的证券行业监管部门制定了对拟上市企业较为严格的盈利要求有关，新兴产业和新技术项目往往难以满足上市门槛，也可能与中国缺乏多层次的资本市场体系有关。这一点学界已有一些共识，如李海涛所指出的，美国已经形成了高度成熟的多层次资本市场体系，较为成熟的大型企业可以通过纽交所和纳斯达克等交易所进行融资，中小型企业则可以选择小型的区域交易所进行融资，此外还有场外柜台交易系统、粉单市场等可供选择。相较而言，中国的多层次资本市场建设较为缓慢，2004年设立中小板，开始尝试放松企业上市制度以实现资本市场扩容；2009年设立创业板，定位于面向科技行业企业的场内交易市场，正式拉开了中国多层次资本市场建设的序幕。但截至目前，这一探索没有取得良好成效，创业板并没有在定位上和主板体现出差异性。例如从创业板上市公司的市值结构看，制造业企业占据了创业板62%的市值和约70%的上市公司家数，并没有体现出明显的科技企业融资市场定位。[1]

因此，要增加企业债券融资，丰富资本市场层次，化解我国直接融资内部的结构矛盾，除了要化解第一层次的直接融资与间接融资之间的结构矛盾，以及第二层次的间接融资内部的结构矛盾，也需要适时化解直接融资内部的结构矛盾，尤其要解决债券融资中企业债过低的问题，以及资本市场缺乏层次性而不能有效服务于新兴产业和新技术项目的问题。

对于第一个问题，过去我国软硬基础设施建设资金缺口大，国债和地方债为其融资做出了突出贡献。但是随着基础设施的不断完善，国债和地方债在债券市场中的比重应该逐步下降，企业债的比重应该逐步上升，而且企业债券定价应该市场化，形成更加市场化的债券收益率曲线，并解决地方政府债务的期限错配问题。

---

[1] 李海涛，《金融供给侧结构性改革：一场关键的硬仗》，第一财经，2019年5月15日。

对于第二个问题，现阶段需要进一步提升我国资本市场的层次性和连通性，覆盖成长性和风险性不同的企业项目，以增强资本沿着创新链的纵向流动性。沪深股市并没有充分反映中国经济结构转型升级的趋势，并且较为严苛的盈利要求和核准制度导致创业板（二板市场）在服务新兴产业和新技术融资的效果上也没有与主板市场有实质性差异。

为弥补这一资本市场的断层，2019年1月23日中央全面深化改革委员会第六次会议审议通过了《在上海证券交易所设立科创板并试点注册制总体实施方案》《关于在上海证券交易所设立科创板并试点注册制的实施意见》，6月13日科创板正式开板。

除了全国性的科创板，区域性的科创板也有待完善，以推动地区新兴产业和新技术项目融资。例如，安徽省为抢抓上交所科创板并试点注册制的战略机遇，在省区域性股权市场设立科创板，作为全省科创企业对接上交所科创板上市的"孵化器"，首批787家科创企业集体挂牌。

即便是在区域市场内部，也可以进一步提高资本市场的层次性。例如，还是以上面的区域性股权市场设立科创板为例，其对标上交所科创板，聚焦新一代信息技术、高端装备制造和新材料、新能源及节能环保、生物医药、技术服务等五大产业领域，突出研发投入、拥有自主知识产权、掌握核心技术、研发体系和研发团队实力等"硬科技"指标，推动符合条件的新技术、新产业、新业态、新模式等"四新企业"挂牌发展，通过挂牌培育、孵化，为上交所科创板输送上市资源。

为满足不同发展阶段和培育成熟挂牌公司的需要，省区域性股权市场科创板设精选层、培育层和基础层，省股交中心将根据相应层级标准以及企业挂牌期间经营变动、股改和合规守法等情况适时调整挂牌公司所属层级。

我国现阶段各地区的金融结构矛盾

与世界其他经济体相比，巨大的地域差异是中国经济结构的一个显著特征。中国的 30 余个省市自治区、300 余个地市、近 3 000 个区县之间的禀赋结构水平差距非常大，对应的生产结构千差万别，工业化进程也不同，适宜的金融结构自然不同。

这意味着，不同地区相同的产业在前述五类产业中的归类，以及具体的转型升级方向、因势利导作用需求和方式可能差别极大。例如，同样是纺织服装行业，在东部沿海的发达地区则是转进型产业，而在西部内陆人口多的欠发达地区则是追赶型产业。弯道超车的独角兽企业也大多分布在北上广深以及一些省会城市，因为这些地区的人力资本相当充足。

根据世界知识产权组织等机构发表的 2019 年全球创新指数，世界最大的科学技术集群数目，中国位居全球第二（18 个），仅次于美国（26 个），其中中国的深圳-香港集群位居全球科学技术集群第二，仅次于日本的东京-横滨集群，中国的北京集群位居全球第四，仅次于韩国首尔，高于美国圣何塞-旧金山集群。

虽然目前中国整体的第三产业占比超过了一半，但是第二产业，尤其是工业和制造业依然是一些地区的主导产业。因此，中国各地的经济结构转型升级路径，以及高质量发展的具体表现形式千差万别，各地需要采取因地制宜的产业政策。

因此，各地应该结合自身禀赋结构特征因地制宜地采取因势利导的金融创新，以更精准地满足本地实际的金融需求，而不是采取"一刀切"的做法来落实国家的金融规划与金融政策或模仿其他地区的金融创新，更不可"追风赶潮"。

例如，北京目前人均GDP水平在全国省级区域中是最高的，产业结构水平也最高，第三产业比重超过80%，而且是首都，因此北京市金融"十三五"规划提出要建成国际金融中心城市，在吸引聚集国际金融组织、巩固提升总部金融机构的同时，壮大发展地方金融机构。事实上，金融产业目前已经是北京的第一大产业了，2018年金融业增加值高达5 084.6亿元，占GDP的16.8%，远高于第二大产业"信息传输、软件和信息技术服务业"的3 859亿元。

在全国各省中，只有与北京人均GDP水平相当、产业结构水平相当、第三产业比重达到70%、同样为全球金融中心的上海，其金融业发展水平略高于北京，2018年金融业增加值高达5 781.63亿元，占GDP的17.64%。北京和上海的金融发展可谓一马当先，其他省市难以望其项背，也无法效仿。

整体上，中国各地随着经济发展，金融发展水平也得到提高。然而，一些处于类似发展阶段的省市的金融发展差异依然很大。例如，重庆市和吉林省在2010—2017年的人均GDP相当，但是重庆的金融业增加值占GDP的比重达8.24%，高出吉林省5个百分点；海南省和湖南省2010—2017年的人均GDP也相当，但海南省的金融业占GDP的比重达5.61%，高出湖南省2.2个百分点。另外，一些经济发展水平相对较低的省市，金融发展水平相对更高。例如，2010—2017年间，浙江省的人均GDP是重庆市的1.56倍，但是重庆市的金融业占GDP的比重却是浙江省的1.11倍。这一方面反映出一些地方金融相对滞后，另一方面也反映出一些地区金融过度发展。因此，各地不应该追求金融业的绝对发展，应以实体经济的金融需求为准，否则容易造成金融抑制或者金融泡沫。各地最优的金融结构安排，必须与特定发展阶段的要素禀赋结构及其内生决定的产业结构相适应。[1]因此，前述三个层次的七个金融结构矛盾在一些地区依然存在，甚至更加严重。

因地制宜地落实国家制定的金融支持实体经济发展的大政方针

我们依然可以采取新结构金融学的基本思路，以及五类产业因势利导的操作方式来因地制宜地落实国家制定的金融支持实体经济发展的大政方针。

例如，全国首个支持产业转型升级的国家级金融改革试验区——江苏泰州金融改革试点就按此思路发展。为深入贯彻落实党中央、国务院决策部署，根据《国务院关于加快发展生产性服务业促进产业结构调整升级的指导意见》（国发〔2014〕26号）、《国务院关于印发〈中国制造2025〉的通知》（国发〔2015〕28号）、《国务院办公厅关于金融支持经济结构调整和转型升级的指导意见》（国办发〔2013〕67号）等文件要求和国务院有关会议精神，2016年经国务院同意，中国人民银行联合有关部门印发《江苏省泰州市建设金融支持产业转型升级改革创新试验

---

[1] 杨子荣、张鹏杨，《金融结构、产业结构与经济增长——基于新结构金融学视角的实证检验》，《经济学》（季刊），2018年第17卷第2期。

区总体方案》(以下简称《方案》)。《方案》以金融支持产业转型升级和提高金融服务实体经济的效率为主线,通过局部地区先行先试,深化金融体制机制改革,构建新兴领域融资培育机制,优化产业融资结构,持续加强对重点领域和薄弱环节的金融支持,探索金融支持经济结构优化调整和产业转型升级的有效途径。

《方案》的主要内容主要集中在以下几个方面。

一是加强机构建设,构建与产业转型升级相匹配的多元化金融组织体系,包括完善银行业组织体系、增强证券业和保险业实力、规范发展互联网金融。

二是加快金融产品和服务方式创新,满足产业转型升级的多元化金融需求,包括促进现代农业建设、推动传统优势产业转型升级、支持战略新兴产业发展壮大、支持现代服务业做大做强、加快产能富余行业企业去产能。

三是积极拓宽直接融资渠道,充分发挥金融市场助推产业转型升级的重要作用,包括支持企业上市融资、加快发展债务融资工具、积极推进资产证券化。

四是加强金融基础设施建设,提升金融服务实体经济的保障水平,包括培育和推动征信市场规范发展、加强智慧金融建设、完善综合性金融服务。

五是防范和化解金融风险,营造良好金融生态环境,包括稳妥有序推进"去杠杆"、建立高效的金融风险预警和处置机制、深化金融生态县创建工作。

又比如,另一个金融服务实体经济综合改革试验区——泉州国家级金融综合改革试验区虽然目前的发展阶段与泰州相当,但是具体的主导产业结构不同，因此具体的最优金融结构也应该有所不同。[1]例如，泉州2018年规模以上工业增加值为3 911.97亿元，其中传统产业、重化产业和高新技术产业三大板块分别占67%、28.5%、4.5%，而且纺织服装和鞋业这一类传统产业就占三分之一，生物医药和新一代信息技术业只占0.32%和2.3%。相对而言，泰州的生物医药及高性能医疗器械、高端装备制造及高技术船舶、节能与新能源、新一代信息技术、化工及新材料五大主导产业则是工业经济发展的支柱性产业。泉州的纺织服装和鞋业是劳动密集型产业，重化产业是产能富余型产业，都是前述五类产业中典型的转进型产业，而生物医药、新能源、新一代信息技术与装备制造则不同，是追赶型产业与战略新兴产业。

因此，二者主要的金融需求会有较大的差别，适宜的金融结构也会有所不同。按照前面的讨论，转进型产业的融资需求，银行的间接融资即可满足。泰州和泉州的这种产业结构差异在贷款结构上也能够有所反映。例如，泰州2018年末金融机构人民币存款余额为6 119.38亿元，与泉州的6 867.04亿元在体量上相当，但是泰州的金融机构人民币贷款余额只有4 784.04亿元，远低于泉州（6 393.05亿元），并且泰州的中长期贷款余额是短期贷款余额的1.5倍。

通过前面的分析，我们认为，通过金融创新推动高质量发展的关键在于深化金融供给侧结构性改革，适时避免金融脱实向虚、适时化解金融结构性矛盾、适时注意尊重市场规律并坚持精准支持，各地要因地制宜地予以落实而非追风赶潮。

---

[1] 吴争程、陈金龙、许伟灿，《新结构经济学视阈下泉州金融改革与产业升级研究》，《泉州师范学院学报》，2014年第6期。

各级政府不但在实施产业政策时要遵循有效市场和有为政府的基本原则，在实施金融政策时也要遵循此原则，做到"市场有效以政府有为为前提，政府有为以市场有效为依归"。

总之，如习近平在2017年召开的全国金融工作会议上所强调的，做好金融工作要把握好以下重要原则：

第一，回归本源，服从服务于经济社会发展。金融要把为实体经济服务作为出发点和落脚点，全面提升服务效率和水平，把更多金融资源配置到经济社会发展的重点领域和薄弱环节，更好满足人民群众和实体经济多样化的金融需求。

第二，优化结构，完善金融市场、金融机构、金融产品体系。要坚持质量优先，引导金融业发展同经济社会发展相协调，促进融资便利化、降低实体经济成本、提高资源配置效率、保障风险可控。

第三，强化监管，提高防范化解金融风险的能力。要以强化金融监管为重点，以防范系统性金融风险为底线，加快相关法律法规建设，完善金融机构法人治理结构，加强宏观审慎管理制度建设，加强功能监管，更加重视行为监管。坚持社会主义市场经济改革方向，处理好政府和市场的关系，完善市场约束机制，提高金融资源配置效率。

进入中国特色社会主义新时代，为了实现中华民族的伟大复兴，让中国强大起来，并且满足人们对于美好生活的需要，必须进行各种方式的创新。在创新过程中，必须根据不同类型产业的特性采取不同方式。金融要服务实体经济，也必须根据不同产业的发展情况和创新方式，以合适的金融安排予以支持。在创新过程中，还要关注协调、绿色、开放、共享，这样才能实现高质量发展。

与此同时，金融供给侧结构性改革需要有效化解高质量发展过程中的金融结构性矛盾,在经济和金融领域都需要利用好有效市场和有为政府的辩证关系。若能如此,我们一定可以在2035年把中国建设成社会主义现代化国家,在2050年把中国建设成富强、民主、文明、和谐、美丽的社会主义现代化强国,最终实现中华民族伟大复兴的梦想。

第七章

构建新发展格局是历史必然

新发展格局是必然和共赢的战略选择[1]

当今世界正经历百年未有之大变局,国际经济、科技、文化、安全、政治等格局发生深刻调整,国内发展环境也经历着深刻变化。面对复杂的国内外形势,以习近平同志为核心的党中央深刻把握世界大势和发展规律,科学分析我国发展面临的机遇和挑战的新变化,着眼于我国经济的中长期发展,作出加快形成以国内大循环为主体、国内国际双循环相互促进的新发展格局的战略决策。

新发展格局是与时俱进的必然之选

构建新发展格局是以习近平同志为核心的党中央根据我国发展阶段、

---

[1] 本文原刊于 2020 年 10 月 22 日《光明日报》,经作者修改。

环境、条件变化提出来的，是重塑我国国际合作和竞争新优势的战略抉择。

从短期看，新冠肺炎疫情全球大流行使当今世界经历的百年未有之大变局加速变化，世界经济低迷，全球产业链、供应链受到冲击。根据世界贸易组织4月初的预测，2020年全球贸易将缩水13%~32%，国际市场的不确定性增强，我国出口也将受到外部需求下降的影响，需要加快释放内需潜力，激发国内大循环活力。

更重要的原因在于，从长远来看，出口对我国经济的拉动作用逐渐减弱。2006年，我国出口占GDP的比重为35.4%，2019年，我国出口占GDP的比重降至17.4%，与2006年相比减少一半，这一年我国82.6%的国民经济是在国内实现循环的。

出现这种变化有两方面原因。一方面，从发展规律和国际经验看，现代制造业规模经济大，越大的经济体，国内市场规模越大，国内消化产出产品的能力越强，GDP越多地依靠国内循环。2006年，我国人均GDP为2 099美元，GDP占世界经济总量的比重为5.3%，到2019年，我国作为世界第二大经济体，人均GDP提升到10 098美元，GDP占世界经济总量的比重达16.4%。随着我国成为越来越大的经济体，出口占GDP的比重越来越低。另一方面，随着我国居民收入水平不断提高，产业结构发生变化，服务业占GDP的比重越来越高，由2006年的41.8%提高到2019年的53.9%。受这两方面因素影响，出口对我国经济的拉动作用逐渐减弱。

事实上，自2008年国际金融危机以来，我国经济已在向以国内大循环为主体转变，国内需求对经济增长的贡献率有7个年份超过100%。2019年，国内消费对经济增长的贡献率达到57.8%，国内资本形成的贡献率则达31.2%，两项加起来为89%，尤其消费连续6年成为经济增长第一拉动力。随着我国的发展，收入水平进一步提高带来经济体量的扩大，产业结构的变化带来服务业比重的增加，市场和资源两头在外的国际大循环动能明显减弱，经济发展取决于国内经济循环的特征会更加明显。可见，构建新发展格局是经济发展规律在当前阶段的体现，是实事求是、与时俱进的论断，是必然的战略抉择。

同时，新发展格局也是共赢的战略抉择，它不是封闭的国内循环，而是开放的国内国际双循环。

国际贸易有利于各国利用自身比较优势进行互补，让交易双方均以更低的成本获得想要的商品和技术，以实现互利共赢。此外，全球化趋势亦是不可逆转的。因此，新发展格局一定是内外循环双轮驱动，国内国际两个市场、两种资源优势互补。2008年以来，全世界每年30%的经济增长来自中国，中国成为世界最重要的市场扩张动力来源。新发展格局将使我国在世界经济中的地位持续上升，成为吸引国际商品和要素资源的巨大市场引力场，并将中国发展红利与世界共享，这有利于中国，也有利于世界。

国民经济循环存在的堵点和淤点

我们现在的市场目前有两方面的流动阻碍。一方面是户口制度，你要到北京、上海或其他一线城市落户，会受到户口制度的阻碍。另一个方面是房价的阻碍。一个大学刚毕业的学生，要到一线城市工作，房价高则不利于人才的跨地区流动，基本上年轻人对房价很难适应，所以我们也必须解决这个问题。我们要发展，那么就要对户籍制度进行适时改进。房子应该是用来住的，不是用来炒的。让房价回归它应该有的属性，才会有利于人口的流动。

像土地市场，这几年在农村集体土地入市政策上面有些放开，也在探索，但实际上这个市场还没有完全建立起来。所以土地功能的发挥，随着我们结构的调整，要怎样来支持我们的经济发展，还要继续完善。

构建新的发展格局，最终是通过改革的手段，一方面发挥市场的作用，要有效的市场，另一方面也要有有为的政府。抓住痛点难点，有些需要政府来制定政策，落实政策。

所以，深化改革是大的方向，同时，有为政府跟有效市场这两只手缺一不可。加快形成双循环的新发展格局，有效市场和有为政府两只手要共同发力，共同推动。

总的来讲，我觉得当前这样的论断跟这些改革是与时俱进的，是可以稳定我们的信心的，可以更好地释放我们的发展潜力，提高我们的发展质量。

深化改革以畅通国民经济循环

构建新发展格局，要坚持供给侧结构性改革这一战略方向，利用好我国的发展潜力和空间，扭住提高收入、扩大内需这一战略基点，使生产、分配、流通、消费更多依托国内市场，提升供给体系对国内需求的适配性，形成需求牵引供给、供给创造需求的更高水平的动态平衡。

在生产层面，要保障产业链和供应链安全稳定，推动区域一体化发展。强化产业链、供应链，既要注重以改革促创新，也要打开大门搞创新，在全球范围内更好配置资源、共享资源。要让产业形成足够竞争力，需要在京津冀、长三角、粤港澳大湾区、成渝经济圈等足够大的区域内发挥各地比较优势，打造产业集群，形成规模效应，带动技术水平跃升。分配层面应在一次分配中注重公平与效率的统一，二次分配中更注重公平，要继续完善市场在资源配置中的决定性作用，让各地充分按照比较优势发展，同时深化财税体制改革以提高二次分配的能力，进一步缩小收入差距。在流通上，要进一步减少交易环节、降低交易费用、提高流通效率，让生产要素在区域和城乡之间高效流通、合理配置。消费层面则需要继续不断提高居民收入水平，持续完善社会保障体系，以增强居民消费的能力和信心。

畅通国民经济循环，最重要、最有效的手段就是深化改革，以深化改革激发新发展活力。让市场在资源配置中起决定性作用，政府发挥好因势利导的作用，更好地释放增长潜力，推动产业不断升级、技术不断创新，保持经济高质量发展，不断提高收入水平，不断满足人民对美好生活的期望，让经济不断良性循环。

改革是解放和发展社会生产力的关键，经过40多年的改革开放，我国取得举世公认的伟大成就。迈入新发展阶段，改革面临新任务，必须以更大的勇气、更多的举措破除深层次体制机制障碍，坚持和完善中国特色社会主义制度，推进国家治理体系和治理能力的现代化。目前，我国商品和服务市场发展迅速，但要素市场发展仍存在堵点，应加快要素市场化改革。具体而言，在资本要素的金融市场，要通过结构改革补中小金融短板，让农户、中小微企业等市场主体得到更多金融支持；在人才市场，要通过户籍制度改革和让房子回归用来住的功能等举措疏通人才跨区域流动的障碍；在土地市场，要深化农村集体土地入市制度改革。

深化改革的过程中，一定要用好政府和市场"两只手"。劳动生产率水平的不断提高，需要不断进行技术创新和产业升级，而技术创新和产业升级需要企业家奋发有为，有效市场能提高企业家的创业热情和积极性，但在这一过程中，必然有些只靠企业家自身难以解决的市场失灵问题。因此，政府不能缺位，要理顺"两只手"的关系——市场有效要以政府有为为前提，政府有为应以市场有效为依归，使市场在资源配置中起决定性作用，更好发挥政府作用，营造长期稳定可预期的制度环境，进一步激发市场主体发展活力，使经济发展的动力充分涌流，不断提高发展质量，加快形成新发展格局。

追赶发达国家，我国存在的优势

要扩大开放，让中国的发展不仅有利于中国，也有利于世界。而且在扩大开放的过程中，我们也可以提高发展的质量，降低发展的成本。同时在一些不可避免的卡脖子的技术上面，如果牵涉到我们的国防安全跟经济安全，那就要发挥有为政府的作用，依靠我们的制度优势来攻关。我相信我们有能力攻克难题，而且这个时间也不会太长。比如超级计算机技术，仅用两年我们就攻克了。

那么在这个过程中，我们还是要尽可能利用国内国际两个市场、两种资源，继续开放我们的经济，我们的发展可以带动其他国家的发展，国际循环对每个国家的发展都很重要。

对中国来讲，有些产业已经在世界最前沿，像家电产业、5G通信，如果要继续发展，就必须自己不断地进行技术创新，开发新产品、新技术，引领世界市场，这是一部分机会。

另外一部分新的机会，是新的产业革命带来的新机遇。因为我们是人口大国，人力资本高的人多，受过训练的工程师多，企业家多。而且我们有很大的国内市场，开发出一个新的软件或新的平台，在中国很快就铺开了，那就会在全世界有竞争力，比如淘宝、微信、抖音的发展就是这个道理。

如果是硬件，中国有全世界唯一完整的产业体系，中国有全世界最好的各种部件的供应，所以这种硬件从想法到产品，可能几天就能成形。所以在新产业革命方面，我们有弯道超车的优势。只要抓住这两个优势，我相信我们就能够实现对发达国家的追赶。

双循环提出的深意
与落实中的关键点[1]

"以国内大循环为主体、国内国际双循环相互促进的新发展格局"是2020年提出的很重要的国家发展定位。我想对这个新论断谈两点心得：第一，为什么要提出这个新论断；第二，如何落实这个新论断。

关于中国经济发展模式的惯常说法是，要充分利用国内国际两个市场、两种资源。不少国内国际学者据此把中国的经济发展模式称为出口导向型。在2008年国际金融危机爆发前存在全球贸易不均衡，以及近两年美国与中国发生贸易摩擦时，甚至认为是由于中国推行出口导向的经济，才导致全球贸易失衡以及美国对中国贸易逆差的不断扩大。

今年中央首次提出我国经济发展模式要以国内大循环为主体，这是一个重大的转变。由于中国现在已经是世界第一大贸易国，中国发展模

---

[1] 本文根据作者2020年12月20日在北京大学国家发展研究院主办的第五届国家发展论坛的闭幕演讲整理。

式的改变将不只影响到中国自身，也将影响到全世界。

提出双循环的短期原因与深层考虑

我个人的看法是，中央这个新论断的提出既有短期原因，也有深层考虑。

2020年，新冠肺炎疫情在全球大爆发，全球经济遭受巨大冲击，不少学者认为，这次冲击是自20世纪30年代大萧条以来规模最大的一次。在这个局面下，国际贸易随之萎缩，世界贸易组织预测，2020年的国际贸易可能萎缩13%～32%。

中国是出口大国，在产品出口减少的情况下，当然要更多地靠国内消化，这就是国内循环。另一方面，美国对中国高科技产业的不断打压，比如对华为实施断供，也会影响到相关企业的出口。这些企业要继续发展，产品就要更多地靠国内市场来消化，在国内循环。

以上是当前中央提出"以国内大循环为主体"新论断的短期原因。

但从我们研究经济学的角度来看，中央提出这一论断更重要的原因在于："以国内大循环为主体"是经济发展基本规律的反映。

虽然有不少学者把中国经济的发展模式称为出口导向型，但事实是，出口在我国经济总量中的比重最高时（2006年）也只有35.4%，略高于三分之一。到2019年，这一比重就下降到17.4%，换言之，2019年中国经济总量的82.6%在国内消化循环，这意味着我国经济已经以内循环为主体了。

出口在GDP中的比重自2006年以来不断下降，反映了两个基本经济规律：第一，一国的经济体量越大，内循环的比重就越高；第二，当服务业在整个经济中的比重不断提高，内循环的比重就会越高，因为服务业中的很大一部分不可贸易。

首先，为什么出口占比与经济体量存在负相关关系？因为现代制造业本身就有很强的规模经济特征。如果一个小型经济体发展现代制造业，其国内市场容量有限，本土可消化的比重偏小，所以生产出来的产品绝大多数只能出口。反之，如果经济体量大的国家发展现代制造业，国内市场能就地消费的就多，出口比重就低。以新加坡为例，其2019年的出口占经济总量的比重高达104.9%，明显超过其GDP总量，原因是国内市场规模太小，同时出口的有些零部件是先从国外进口，做成成品出口之后可能又会计算一次。我国出口占经济总量比重最高的2006年也不过是35.4%，这就得益于中国是个大经济体。

其次，为什么出口比重与服务业有关？同样是大经济体，美国在2019年的出口占其经济总量的比重只有7.6%，原因在于服务业占美国经济总量的比重达到80%，服务业往往有很大一部分不可贸易。所以一国服务业占经济总量的比重越高，其出口比重也一定越低。而服务业的发展水平与一个国家的经济发展、收入水平有关。

从上述两个角度分析，我国的出口比重从2006年的35.4%下降到2019年的17.4%是因为我国这些年经济总量和人均收入水平都得到极大提高，服务业得到良好的发展。2006年我国人均GDP只有2 099美元，2019年提高到10 098美元；2006年中国经济规模占全世界的比重只有5.3%，服务业在GDP中的占比只有41.8%，到2019年，这两个数字分别上升到16.4%和53.6%。中国经济在世界经济总量中的占比提高了三倍。

展望未来，我国经济还会继续发展，收入水平还会继续提高。随着收入水平的提高，我国经济占世界经济的比重会从现在的16.4%增加到18%、20%，再向25%逼近。我国服务业占经济总量的比重会从现在的53.6%，逐渐向60%、70%、80%逼近。在这两个因素的叠加之下，我国的出口占经济总量的比重会从现在的17.4%，逐渐降到15%、12%、10%。也就是说，国内循环占我国经济总量的比重会从现在的82.6%逐渐向90%逼近。所以，我国经济现在已经——将来更会以国内循环为主体。

中央现在提出上述论断其实只是澄清了一个事实：中国是一个大经济体，随着我们收入水平的提高，服务业在经济总量中的比重会越来越高，国内循环的比重会越来越大。

澄清这个事实很重要。

此前，国际国内都有不少人宣称中国是出口导向型经济。2008年发生国际金融危机，国外很多人归因于全球贸易不均衡，进而又归因于中国推行了出口导向型经济，国内也有类似说法。这都是因为没有看到中国经济的实际情况。

同时，如果再错误地把中国看成出口导向型经济，当中美贸易摩擦或新冠疫情影响出口时，各界就容易判定中国经济要出问题。现在中央出面澄清我国经济是以国内大循环为主体这一事实，也非常有利于我们认清发展的现实和规律，并增强我们自己发展的信心。在这种状况下，只要我们能够把国内经济稳定好，不管国际风云如何变幻，都基本上不会改变我们整体发展的格局。

国际循环跟过去一样重要

明确提出中国经济以国内大循环为主体，是不是意味着原先我们关于"充分利用国内国际两个市场、两种资源"的说法就不重要了？我认为，国际循环和过去一样重要。

我倡导的新结构经济学强调，发展经济要充分考虑各个国家、各个地区的比较优势。具有比较优势的产业要想发展得好，不仅要在国内市场流通，也应该进入国际市场。

中国是一个大经济体，按照购买力平价计算是世界第一大经济体，按市场汇率计算是世界第二大经济体。按市场汇率计算，2019年中国的经济总量只不过占世界的16.4%，这意味着国际上还有83.6%的市场值得我们关注和开拓。所以，中国有比较优势的产业除了充分利用国内市场、国内循环，也要充分利用那83.6%的国际市场。

按照比较优势发展，也意味着我们在很多产业还不具备比较优势。中国许多自然资源短缺，一些资本、技术很密集的产业与发达国家相比也还不具有比较优势。另外，随着经济发展、工资水平上升，我国过去很有比较优势的劳动密集型产业的比较优势也会不断消失。

在这种状况下，经济发展要降低成本、提高质量，就应该更多地利用国际市场能够提供的资源。对我国没有比较优势的产业的产品，能进口当然要多进口，要利用好包括自然资源、技术资源和劳动力资源在内的国际资源。只有少数关系到国家安全、经济安全的高科技产品，我们可能会被某些国家卡脖子，才作为例外。对于哪些国家可能会卡我们的脖子，也要认真分析。欧洲在高科技产业有比较优势，但并没有积极性卡我们的脖子，中国是全球最大的单一市场，欧洲有积极性将具有比较优势的产品卖给我们。卡我们脖子积极性相对高的是美国。我国发展很快，体量和影响力越来越逼近美国，美国为打压中国发展才会对我们实施技术封锁。然而美国这样做也会牺牲掉利用我国市场来发展美国经济的机会。

我们还要认识到,对那些我国没有比较优势的大多数高科技产品,并非仅仅美国有,欧洲、日本也有。我们要如华为任正非先生所讲,只要买得到,而且买比自己生产更合算就要继续买。这些国家为自身发展考虑,也乐意把这些产品卖给我们。只有美国独有,欧洲、日本都没有,我们实在买不到的产品才需要发挥举国优势自力更生,但我相信这种产品是极少数。

所以我们以国内大循环为主体的同时,一定要坚持国内国际双循环相互促进。

怎样才能真正循环起来

如何落实这个新论断?怎样才能真正循环起来?

第一,用结构性改革挖掘发展潜力,拉长长板,补足短板。

在我看来,要实现以国内大循环为主体,最重要的是必须让国民收入水平越来越高,让经济体量越来越大。在这种情况下,经济体量在世界的占比以及服务业占经济总量的比重会越来越高,随之而来的必然是出口比重下降,国内循环比重增高。怎样让经济体量越来越大?从经济发展的角度来看,需要不断实施技术创新、产业升级。中国在这方面具有两大优势。

传统产业方面,2019 年我国人均 GDP 刚过 1 万美元,跟美国 6 万多美元、德国 4.8 万美元、日本 4.2 万美元相比还有差距。人均 GDP 差距的背后是平均劳动生产水平、产业技术、产品附加值等方面的差距。但面对差距,传统产业作为成熟产业,意味着我们还有相当大的后来者优势，还能追赶。那些有技术的国家也会乐意把设备卖给中国，否则没办法实现其技术价值。所以，我国仍具有通过引进技术实现技术创新、产业升级的后来者优势。因为 2010 年我国人均 GDP 按照购买力平价计算是美国的 19.2%，才相当于日本在 1953 年、新加坡在 1970 年、中国台湾在 1971 年、韩国在 1980 年相对于美国的水平。利用这种后来者优势，日本实现了 20 年每年 9.3% 的增长，新加坡 20 年每年增长 8.4%，中国台湾 20 年每年增长 8.9%，韩国 20 年每年增长 8.4%。这意味着，到 2030 年，我国还有每年 8% 的增长潜力。

新产业方面，我国拥有前述东亚经济体在追赶阶段所没有的，新经济革命的弯道超车优势。

新经济革命的新型产业中，我们跟发达国家在很多方面有条件齐头并进。新经济产业有的涉及软件，比如互联网、人工智能，有的涉及硬件，比如大疆的无人机、华为的手机。新经济产业有一个特点，研发周期短，投入以人力资本为主。我国是人口大国，人力资本多。这些新的产业如果属于软件方面，我们国内有最大的应用场景；如果属于硬件方面，国内有全世界最大最齐全的产业部门和最好的供应链。所以，中国在新经济革命上具有比较优势。

一个最好的指标是所谓的"独角兽"。独角兽指的是，创业不到 10 年还未上市，市场估值已超过 10 亿美元的企业。根据胡润研究院发布的全球独角兽榜，2019 年全球 494 家独角兽企业中中国有 206 家，美国有 203 家。截至 2020 年 3 月 31 日的全球独角兽企业有 586 家，中国有 227 家，美国有 233 家。这意味着中国在新经济方面具有和发达国家直接竞争的优势。

在供给侧，可以利用我们的优势拉长长板，补足短板。当然，一方面必须靠有效的市场来配置资源、提供激励，另一方面要靠有为的政府来克服产业发展方面的一些市场失灵。

第二，要深化改革，打通国内循环中的一些堵点。

中国的改革是双轨制渐进式改革，各方面改革的速度不一样，现在产品市场基本放开，但要素市场还存在很多结构性的障碍或堵点。

在金融市场方面，实体经济中的农户和民营的中小微型企业，其税收占全国的50%，GDP占70%，就业占到80%以上，但是，其金融需求在国内以大银行、股票市场、金融债券、风险资本等为主的金融体系中得不到满足。金融要实现服务实体经济的功能，在改革中就需要补上为农户和中小微企业提供金融服务的短板。

在劳动力市场方面，要推动户籍制度改革，以利于人才流动。要解决高房价问题，让房价回归"房子是用来住的，不是用来炒的"的定位。

在土地市场方面，最大的堵点是怎样落实农村集体土地入市的问题，增加土地供给，包括工业用地、商业用地和住房用地。政策已经有了，就看怎么推行。

在产权方面，要落实"两个毫不动摇"：毫不动摇地巩固和发展国有经济，同时毫不动摇地鼓励、支持和引导民营经济的发展。要让民营企业在市场上不受因为产权安排的不同而形成的准入或运行方面的障碍。

第三，需要扩大开放，更好地利用国际资源。

在扩大开放方面，过去我们的开放也是双轨制的，有比较优势的产业开放，没有比较优势的产业不开放，现在需要扩大开放来更充分地利用国际资源。

国内要做的是，一方面要降低关税，另一方面要缩小负面清单的范围，让外国投资能够更好地进入中国。这方面先要扩大自贸区的范围，在自贸区试点成功的政策要向全国推行。这样我们可以充分利用外国资源，包括技术资源和金融资源。

在国际上，中国应该更积极地推动世贸组织的改革，参加一些区域性的经济合作协定，比如 RCEP（《区域全面经济伙伴关系协定》）、中国跟欧洲达成的中欧投资协定，并且我们已经表示有意愿加入 CPTPP（《全面与进步跨太平洋伙伴关系协定》）。区域性贸易协定让我们能够更好地利用国际资源和国际市场。

同时，中国的开放还有一个好处，即国际上其他国家也能更好地利用中国的市场和资源。中国作为世界上发展最快的市场，能够给世界上其他国家提供发展的机遇，这些国家就不会轻易加入美国封锁中国的行动中。如果美国想孤立中国，被孤立的反而会是美国自己。所以，进一步扩大开放也有利于化解我国目前遭遇的不利国际局面。

总体来讲，面对百年未有之大变局，我们要保持定力，认清形势，做好自己的事。继续深化改革，扩大开放，充分利用我们的发展潜力。那么，不管国际上有多大的不确定性，中国都可以保持稳定和发展，实现到 2035 年把中国建设成社会主义现代化国家，到 2049 年把中国建设成社会主义现代化强国的目标。中国的发展不仅有利于中国，中国的发展也有利于世界。

中国要理直气壮地支持
和引领新工业革命[1]

中国引领新工业革命的必要性

从必要性来讲，2017年党的十九大提出了"两个一百年"的奋斗目标。第二个一百年的奋斗目标是到2049年中华人民共和国成立一百周年时，要把中国建设成社会主义现代化强国。一个现代化强国有很多标志，其中一个标志应该是人均GDP至少达到当时另外一个强国美国的一半。中国是个大国，国内有收入水平比较高的东部沿海地区和收入水平比较低的中西部地区，总人口达3.5亿的北京、上海、天津、江苏、浙江、福建、广东等较发达省市的人均GDP和美国的人均GDP处于同一水平。只有产业技术处于同一个水平，劳动生产率才会处于同一个水平，人

---

[1] 本文根据作者在2020年6月赵昌文、许召元《新工业革命背景下的中国产业升级》学术研讨暨新书发布会上的发言整理。

均 GDP 才会处于同一个水平，所以，在实现第二个百年目标时，在中国较发达的这 3.5 亿人口地区的产业技术必须和美国处于同一个水平。

新工业革命现在已经开始了，2049 年一定是新工业盛行的时代。在这 3.5 亿人所在的地区，新工业需要跟美国并驾齐驱。美国现在对中国的定位已经从改革开放以后的合作伙伴转变为竞争对手。从美国在 19 世纪末发展成世界上最大最强的经济体以后，一而再、再而三地对 GDP 规模达到美国 60% 的世界第二大经济体进行打压，以防这些国家威胁到美国作为第一大经济体的地位。近期的例子是 20 世纪 80 年代的日本，当时日本的经济规模为美国的 60% 以上，人均 GDP 超过美国，在新兴的半导体领域处于世界领先地位。美国就利用其作为世界第一强国的霸权把日本的半导体产业打压下去，日本现在的人均 GDP 降为美国的 63%，GDP 只剩美国的 24%。

现在我国的经济规模按市场汇率计算已经达到美国的 70%，我国的 5G 技术在新工业革命中已经世界领先。这几年美国故技重施，以一些莫须有的罪名举全国之力打压中国企业。如果美国能在新工业革命上以封锁手段成功压制我国，那么我国就不可能实现第二个百年的奋斗目标。怎样才能突破封锁？只有致力于引领新工业革命才能不被封锁，才有可能在 2049 年时让发达省市人口规模和美国现在相当，在新工业革命的产业、技术上和美国处于同一个水平，才有可能让全国的人均 GDP 达到美国的一半。所以，引领新工业革命是到 2049 年实现第二个百年奋斗目标的必要条件。

中国引领新工业革命的可能性

为实现我国民族复兴的目标,引领新工业革命是必要的,但是,有没有条件实现呢?在这一点上,我很同意赵昌文和许召元的判断:引领工业革命的一定不是经济和产业基础薄弱的国家,但也不一定是经济和产业水平最高的国家。例如,在19世纪末引领第二次工业革命的是美国和德国,当时收入和技术水平最高的是英国,美国和德国在收入水平上处于追赶的阶段。按照购买力平价计算,1870年时美国的人均GDP是英国的76.6%,德国是英国的57.6%。

《新工业革命背景下的中国产业升级》一书里提到,我国现在的前五大创新城市是深圳、北京、上海、广州、杭州,按照购买力平价计算,其人均GDP已经达到美国的72.9%,和1870年美国引领第二次工业革命时美国人均GDP占英国人均GDP的比重处于大致相同的水平。而且这五大城市的人口加起来达到8400万,略高于德国现在的人口8200万。另外,我国人均GDP最高的七个省市北京、上海、天津、江苏、浙江、福建、广东,总人口是3.5亿,略大于美国现在3.3亿的总人口。按照购买力平价计算,这七个省市的人均GDP已经达到美国的54.5%,和德国开始引领第二次工业革命时德国的人均GDP占英国人均GDP的比重也处于大致相同的水平。所以,我同意这本书的判断:从人均GDP所代表的产业、技术水平等物质条件来看,我国已经有能力来引领这一次新的工业革命。

同时我想补充一点:引领新工业革命,我国不仅有物质条件,而且有比较优势,并且,比现在作为最大最强经济体的美国更有比较优势。其原因有三:

第一个原因,如前所述,按照G20杭州峰会上的定义,新工业革命是以人、机器、资源间实现智能互联为特征。这种智能互联的新工业革命产业是新结构经济学五大产业划分里的"弯道超车型"产业。这种产业有一个特性，它的新技术、新产品的研发周期特别短，由于研发周期短，人力资本就成了创新的最关键投入要素。人力资本由两部分组成：后天的教育和与生俱来的天分。从教育水平来讲，我们现在从幼儿园、小学、初中、高中、大学到研究生的教育和发达国家比已经没有多少差距。在技术创新上，比教育更重要的是个人的天分，天分在人口中是服从正态分布的，从比例来讲，其中有一小部分的人是天才，这个比例在任何国家都一样，但是，对创新的成功与否来说，关键不是天才占人口的比例，而是天才的绝对人数。我国的人口是美国的4倍，所以，我国天才的人数是美国的4倍，在以人力资本为主要投入的短周期技术研发上，我国比包括美国在内的任何国家都有优势。

第二个原因，这种智能互联的新技术研发出来后在运用上需要技术标准，技术标准设定权的大小取决于新技术研发国的国内市场规模大小，当两个国家在竞争一项新技术时，研发出来后国内人口越多、市场规模越大，由于规模经济的原因，按这个技术标准生产出来的产品和服务的边际成本就越低，在国际市场的竞争力也就越强，越有可能变成全世界的标准。我国有14亿人口，为世界人口第一大国，按照购买力平价计算，我国在2014年就已经是世界第一大经济体，所以，在和发达国家竞争新技术标准设定时，我国的人口和市场规模让我国具有比较优势。

第三个原因，若这种新工业需要硬件，我国是产业门类最齐全的国家，新技术从想法到产品生产所需的时间会最短，成本会最低。

这三点让我国在与美国竞争新工业革命的引领权时处于有利的地位，这种地位不仅表现为5G技术上的优势，而且，根据投中研究院的报告，成立10年之内被私募或公开市场投资人或机构估值超过10亿美元且暂未上市的创业"独角兽"公司，2018年中国有150家，占全世界"独角兽"公司的46%，美国为107家，占全世界的33%。

政策建议

怎么把可能性变成现实呢？赵昌文和许召元的书里建议三点：要进一步完善产权制度，加强知识产权保护；要着力营造审慎包容的监管环境；要维持企业纵向流动性。这三点属于现代经济学里强调的建立一个公平、竞争的良好市场环境。对这三点建议，我完全赞成，从新结构经济学的视角，"有效市场"和"有为政府"两只手都必须要用，我从有为政府的角度再做两点补充。

一是要理直气壮地利用产业政策来支持新工业革命。

一个国家在新技术、新产业的发展上不管是处于追赶阶段，还是处于引领阶段，都需要政府积极有为的因势利导来为创新型企业克服市场失灵。当然，处于追赶阶段可能发生市场失灵的地方和处于引领阶段可能发生市场失灵的地方是不一样的，因此政府因势利导的着力点是不一样的。

在追赶阶段，发生市场失灵的地方，可能是新产业的进入、新技术所需的人力资本的培养等有外部性，金融体制可能没有办法动员足够的资本和分散可能出现的风险以支持技术创新和产业升级，或是电力、交通、通信等硬的基础设施和营商环境等软的制度安排不完善等，这些市场失灵难以由企业自己来克服，需要政府发挥作用来协调或进行软硬基础设施的完善。政府可动员的资源和执行能力是有限的，因此，必须以产业政策的方式战略性地使用这些有限的资源，帮助给创造就业、促进增长能带来最大贡献的新产业企业克服遇到的市场失灵，助力其发展。

在新产业的引领阶段也会有市场失灵，这是因为在引领阶段，新产品、新技术的出现，需要靠基础科研和新产品、新技术的开发。企业在新产品、新技术的开发上很有积极性，因为成功开发出来新产品、新技术可以得到专利，会获得市场垄断地位和利润。基础科研的产出则是论文，属于公共产品，不能获得专利，企业不会愿意去做，但是，如果没有基础科研的突破，企业要开发新产品、新技术将会是无源之水。因此，在引领阶段，政府因势利导的主要着力点在于支持企业新产品、新技术研发所需的基础科研。同样，政府可以用来支持基础科研的资源和能力是有限的，但是，可以做的基础科研是无穷的，政府也要以产业政策战略性地使用可以用来支持基础科研的资源和能力，以因势利导新产品、新技术、新产业的出现。这实际上是美国等技术领先的发达国家一直在做的事，这就是马祖卡托（Mazzucato）把美国等发达国家的政府称为"企业家型政府"的原因。

所以从上述角度来看，除了市场环境的建立，我国政府也必须要发挥有为政府的作用，不要因为美国攻击"中国制造2025"，以及国内一些受到新自由主义思想影响的人反对产业政策，就否定政府在新工业革命中的作用。我在许多场合和著作中一再提到，没有看到一个发展中国家不用产业政策而能成功追赶上发达国家，也没有看到一个发达国家不用产业政策而能够继续引领新产业的发展。在当前新工业革命已现端倪的形势下，德国推出了"工业4.0"，美国推出了"美国先进制造业领导战略"的产业政策。我国要发挥有为政府的作用，理直气壮地采用产业政策，发挥我国在新工业革命上的比较优势来引领新工业革命。

二是我们要继续扩大开放。

开放对新工业革命非常重要。首先，这是因为新工业的规模经济很大，国内市场即使是最大的单一市场，其规模也不能和全世界的市场比。其次，我国需要引领新工业革命来打破美国的封锁，但是，也不可能每项技术都靠自己来发明。我国还是必须和过去一样，充分利用国内和国际两个市场、两种资源，包括技术资源。美国可能会围堵我国，压制我国。对美国，如果美国继续封锁打压我国的新工业革命的产业，我国要"兵来将挡，水来土掩"。美国之所以这么霸道，是想维持"世界老大"的霸权地位，但是，其他发达国家的经济规模无法支撑起这些国家争霸世界的野心，它们首先考虑的会是如何更好地发展自己国家的经济，使自己的人民过上好日子。它们要参与新工业革命甚至在新工业革命的某些领域取得领先，需要投入大量的资金，取得突破后必须有巨大的市场才能收回投入的资金，并积累资金支持下一项技术突破。所以，对我国来说，充分利用国内国际两个市场、两种资源是国家发展的重要法宝，对其他国家来说同样是重要法宝。

在美国以封锁作为手段来打压中国甚至其他国家以保持其霸权地位时，我国要继续扩大开放，让其他国家分享我国技术创新、经济快速发展和巨大市场的好处。在开放的世界贸易中，小国得到的好处会大于大国，如果我国继续扩大开放，美国之外其他对我国开放的国家在与我国贸易往来中得到的好处会比我国得到的更多。对它们的新工业革命而言，也不能失掉中国这个巨大且快速增长的市场。这些国家也就不会牺牲自己的利益去维护美国的霸权，美国想以围堵来压制我国实现新工业革命的企图也就不会实现。

第八章

"十四五"当迈向更高处

当前形势下国内外宏观经济走势判断[1]

自 2019 年下半年开始,国际货币基金组织、世界银行等国际发展机构已经多次下调 2020—2021 两年世界各国的增长预期。新冠肺炎疫情在全球蔓延和石油价格的闪崩,导致美国纽约股票市场在 2020 年 3 月出现 4 次熔断,和一个月以前的最高点比,道琼斯指数已经断崖式下滑超过三分之一。在美国股市崩盘的带动下,其他发达国家和发展中国家的股市也纷纷下跌,有的甚至已经下跌了 40% 或更多。

自 2020 年 1 月以来,中国政府应对新冠肺炎疫情采取的一系列举措取得了显著成效,中国的疫情防控形势持续向好,并为世界各国防范新冠肺炎疫情提供了弥足珍贵的经验和时间窗口期,但是绝大多数国家并没有足够重视和采取得力措施。目前疫情的国际传播在迅速加快,多国进

---

[1] 本文原刊于 2020 年 4 月 13 日《北京日报》。

入暴发期。世界卫生组织在 2020 年 3 月 11 日将新冠肺炎正式确认为全球"大流行"疾病。

疫情扩散，影响最大的是像伊朗那样医疗条件较差的发展中国家，但发达国家面临的风险也很大。表面上看，发达国家医疗体系很发达，不过国家动员能力弱，当疫情在某些城市或州县扩散时，集中收治面临巨大挑战，很可能因为缺乏有效治疗和隔离措施而增大疫情全面扩散的风险。

意大利、西班牙已经采取和我国一样的"封城"措施，美国、英国、德国、澳大利亚、加拿大等许多发达国家的城市也已经采取隔离措施，甚至像我国及意大利一样采取"封城"措施。不过，在本文写作时，各国尚未研发出有效疫苗，发达国家的隔离措施难以像我国这样有效，并且，新冠肺炎治愈后还可能复发，发达国家的新冠疫情有可能延续相当长一段时间。同时，疫情也可能一波未平一波又起，在其他发达国家和发展中国家像击鼓传花一样接连集中暴发，给世界各国生产、生活带来巨大的负面影响。

发达国家的经济本来已经走软，为应对新冠肺炎疫情采取的隔离或封城措施，对已经下滑的经济而言更是雪上加霜。美欧日等发达经济体现在的利率已经是零或者为负，除了采用非常规的量化宽松政策，已经没有多少其他货币政策手段可用，政府财政积累的负债率也已经很高，财政政策的空间很小，美国和其他发达国家出现经济衰退已经是必然。根据摩根大通银行之前发布的预测，2020 年全年美国的增长率可能下滑到 –1.8%，欧元区下滑到 –3.4%，日本下滑到 –1.3%。随着疫情的不断恶化，新的预测越来越悲观，美国圣路易斯联储主席詹姆斯·布拉德认为美国第二季度的失业率可能达到 30%，GDP 可能下降 50%，美国和其他发达国家陷入像 20 世纪 30 年代的经济大萧条已经是一个大概率事件。

第八章
"十四五"当迈向更高处

目前在世界绝大多数国家，新冠肺炎疫情正处于上升期或暴发期，我国的疫情则已经基本得到控制。当前我国除了要防控输入病例，以及和其他国家分享防疫的经验，还急需开禁开封，支持企业快速复工复产，利用我国强大的口罩、防护服、测试盒、呼吸机等防疫必要物资的生产和供应能力出口支援其他国家，遏制新冠肺炎疫情。同时，在外销不可避免地受到国外疫情和经济衰退甚至萧条的不利影响而断崖式下降时，我国政府应该利用近几年供给侧结构性改革所创造的有利政策空间，采取积极的货币政策稳定金融体系，增加信贷资金，帮助实体企业渡过难关，采用积极的财政政策进行新基础设施建设，并为受到疫情不利影响的低收入和贫困家庭提供必要的生活资助，以扩大内需，维持社会稳定，消除未来经济增长的瓶颈，提升我国经济增长的质量。相信我国有能力在国际经济的一片肃杀声中维持合理的增长速度，在世界经济衰退甚至萧条时，仍可以像2008年以来一样，成为全球经济增长和复苏的最主要动力源头。

2008年的国际金融危机引发了全球动荡，导致全球经济进入历时10余年的衰退调整期，深刻改变了发达国家与发展中国家之间、发达国家内部的力量格局。2020年由新冠肺炎疫情和石油价格闪崩带来的经济下滑压力和不确定性，已经触发了发达国家由长达10多年的宽松货币政策支撑起来的股市崩盘，往前看，很有可能演变成一场全球性的经济危机。我国只要应对得当，在危机中保持稳定和增长，不仅有利于我国2020年脱贫攻坚等目标的完成，而且还能以我国的防疫经验和物资帮助其他国家防控疫情，以我国的增长助力其他国家走出衰退或萧条，也将像2008年那场国际金融危机一样，进一步提升我国在国际经济中的比重、地位和影响。

新冠肺炎疫情与中美摩擦双重背景下的中国经济发展

对中国来说，2020年是一个特殊的年份，是实现2012年的十八大提出的第一个百年奋斗目标的决胜之年。其中，两个重要的量化指标是"两个倍增"，即国内生产总值和城乡居民人均收入比2010年翻一番。

中国能否在2020年实现第一个百年奋斗目标？要实现"两个倍增"目标，中国在2010—2020年间经济需要保持每年7.2%的增速。从2010年到2019年，中国经济年均增速达到7.4%，2020年的增速需要达到5.3%。

经济增长靠的是劳动生产率水平不断提高，一种方式是靠技术的创新，每个劳动力可以生产出更多更好的产品；另一种方式是靠产业升级，用新的附加值高的产业取代附加值低的产业。这一机制同时适用于发达国家和发展中国家，发展中国家可以利用后来者优势，可以用从发达国家购买包含有更好技术的设备或专利来实现技术创新和产业升级，这种方式的风险成本小得多,速度也快得多。在 2010 年时,中国按照购买力平价计算的人均 GDP 只有当年美国的 19.2%,相当于日本 1953 年、新加坡 1970 年、中国台湾 1971 年、韩国 1980 年时的情形,这些东亚经济体在此基础上分别实现了 20 年间每年 9.3%、8.4%、8.9% 和 8.4% 的增长。因此,从和发达国家的发展水平、产业、技术差距带来的技术创新、产业升级和经济快速发展的"后来者优势"判断,中国从 2010 年开始有 20 年平均每年增长 8% 的潜力。[1] 有此增长潜力,要在 2020 年实现 5.3% 的增长应该是相对容易的。

新冠肺炎疫情对中国经济的影响

2020 年 1 月新冠肺炎疫情暴发,全国各地停工停产,消费下降,经济停摆。3 月,意大利、西班牙、法国等国家成为世界疫情的中心,4 月后,疫情也开始在美国、拉美、印度、南非大暴发,中国的出口受到抑制。因此,第一季度中国的 GDP 同比下降了 6.8%。所幸,中国政府及时采取的防控措施相当有效,第二季度经济就出现了"V 形"反弹,实现了 3.2% 增长,第三季度进一步提高到 4.9% 的增长,前三季度的增长率为 0.7%,从全球来看,这一成绩得来不易。

国际货币基金组织 10 月份发布的《世界经济展望》[2] 预测中国 2020 年的经济增长将达到 1.9%,我个人认为可能会略高于此,接近 3%。不

1　Justin Yifu Lin, *Demystifying the Chinese Economy*, Cambridge: Cambridge University Press, 2012.
2　https://www.imf.org/en/Publications/WEO/Issues/2020/09/30/world-economic-outlook-october-2020.

过，不管是 2% 还是 3% 的增长，都意味着中国无法如期在 2020 年底实现十八大提出的"两个倍增"的目标。然而第一个百年指的是中国共产党建立 100 年，中国共产党成立于 1921 年，建党 100 周年是 2021 年，国际货币基金组织预测 2021 年中国的增长速度将达到 8%，所以，中国政府也可以在 2021 年时宣布如期完成"国内生产总值和城乡居民人均收入比 2010 年翻一番"的目标。

中美摩擦为何愈演愈烈

疫情总会过去，对中国影响更长远的因素是中美贸易摩擦。美国对中国有很大的贸易逆差，美国时任总统特朗普认为逆差代表美国吃亏了。实际上，美国向中国买的东西并不是美国无法生产，而是因为从中国买更便宜，贸易的产生是各个国家比较优势不同的结果。在二战以后，美国作为资本丰富的高收入国家一直都从国外进口劳动密集型产品，尤其是从日本和"亚洲四小龙"等东亚经济体进口。20 世纪 80 年代中国开始改革开放后，日本和"亚洲四小龙"因为工资提高，在劳动密集型产业失掉比较优势，这些产业就转移到工资水平低的中国大陆，它们对美国的贸易顺差也集中到中国大陆来。传统上美国对东亚国家的贸易逆差就很大，此前美国对外贸易逆差的 80% 来自东亚国家，在 20 世纪 80 年代最多时达到 100%；现在美国对外贸易逆差中，中国的比重在增加，整个东亚的比重在降低。因此，美国对外贸易逆差增加并不是中国造成的，主要是美国国内因素造成的。逆差是消费过多、储蓄不足的结果，美国长时间持续逆差增大，主要原因是美元作为国际储备货币的特权，使美

第八章
"十四五"当迈向更高处

国可以增发货币在全球进行购买。[1]

特朗普上台后对中国产品加征关税，实际是"搬起石头砸自己的脚"。美国2017年开始使用关税政策，但其2018年的贸易逆差还在增加，对中国的逆差增加了11.7%，显然加征关税的方式不能解决逆差问题。

除了贸易逆差，现在美国还以保护知识产权的名义对中国企业采取限制措施。各国企业之间可能存在侵犯知识产权行为，但是中国在1980年就是世界知识产权组织的签约国，中国有知识产权相关法律，也有知识产权法院，如果中国企业有相关侵权行为，外国企业可以诉诸法律。过去10年，外国企业对中国企业的侵权诉讼84%是外国企业胜诉，同期，在美国，外国企业对美国企业的侵权诉讼，外国企业胜诉的比例只有50%左右。这些数据表明，中国政府并没有像美国政府指责的那样以国家行为鼓励中国企业窃取美国的知识产权。美方还指责中国政府强迫美国企业转让知识产权或技术，不过，美国企业到中国投资，目的不是把产品卖到中国市场，就是以中国为生产基地把产品卖到国际市场，不管是在中国市场还是国际市场，产品要有竞争力必须用最好的技术来生产，美国企业在中国用最新最好的技术生产，这是美国企业为了自身利润最大化所做的自发选择，不是中国政府政策强制的。

其实，美国对中国的各种指控和采取的措施是"项庄舞剑，意在沛公"，贸易逆差是借口，实际是为了抑制中国的发展。这与20世纪80年代美国采取类似手段压制日本是一个道理。

---

[1] Justin Yifu Lin and Xin Wang, "Trump economics and China–US trade imbalances", *Journal of Policy Modeling*, 2018, 40 (3): 579–600.

中国如何应对中美贸易摩擦

面对中美贸易摩擦，中国最重要的是保持定力，继续深化改革，扩大开放，利用好中国到 2030 年每年还有 8% 的增长潜力，到 2030 年前实现每年 5%~6% 的增长。如果能达到这一增速，中国就可以实现两个里程碑。第一个是到 2025 年前后，中国人均 GDP 可以超过 12 700 美元，成为一个高收入国家，目前全世界 16% 的人口生活在高收入国家，中国加入之后高收入人口比例将达到 34%。另一个里程碑是，到 2030 年，中国总体经济规模按市场汇率计算将超过美国，成为世界第一大经济体。如果在未来出现了像 2008 年那样的国际金融危机或当前的新冠肺炎疫情，中国的增长速度会慢于 5%~6%，实现第一个里程碑的年份可能会后延几年。但是，在有外在的全球冲击时，美国很有可能像面临 2008 年的金融危机和当前的新冠肺炎疫情冲击那样，增长下滑幅度比中国更大，中国实现第二个里程碑的时间则可能提前到 2030 年之前。[1] 在这一基础上，如果中国继续开放，美国想要打压中国就不容易。因为 2008 年国际金融危机以来，中国目前按购买力计算已经是世界最大的单一市场，而且未来中国每年会为世界市场贡献 30% 左右的增长，各国的增长都要用好国内、国际两个市场和两种资源，其他国家不像美国那样有争霸或维持世界霸权的野心，各国为了各自的发展，都会想和中国保持良好关系，以

---

1 1978—2008 年中国平均每年的增长速度是 9.9%，美国则为 2.9%，中国比美国高 7 个百分点。受到金融危机的冲击，2009 年中国的增长速度是 9.4%，美国则为 −2.8%，中国比美国高 12.2 个百分点。2019 年中国的增长速度是 6.1%，美国的增长速度为 2.2%，中国比美国高 3.9 个百分点。按国际货币基金组织的预测，2020 年美国的增长速度是 −4.3%，中国的增长速度则是 1.9%，中国比美国高 6.2 个百分点。

充分利用中国的市场来发展自己的经济。

中美这种摩擦可能需要等到中国人均 GDP 达到美国的一半时才会停止。这是因为中国人口是美国的 4 倍，中国人均 GDP 达到美国的一半，意味着中国经济规模是美国的 2 倍。并且，中国国内有地区差异，北京、天津、上海、山东、江苏、浙江、福建、广东等总人口规模和美国相当的发达省份的人均 GDP 将会与美国相当，其产业技术将达到与美国相同的水平，美国用来卡住中国发展的技术优势将消失；另外，中国中西部的 10 亿人口的人均 GDP 约为美国的三分之一，经济规模也与美国一样大，但还有后来者优势，发展速度会更快。届时美国将无能也无法改变中国超过美国的事实，美国为了自己的发展也要充分利用中国的市场，中美之间应该也就会和平相处，携手发展。要实现这一目标，中国需要在 2030 年前利用 8% 的增长潜力保持 5%~6% 的增长，2030 年到 2040 年利用 6% 的增长潜力实现 4%~5% 的增长，2040 年到 2050 年利用 5% 的增长潜力实现 3%~4% 的增长。那么中国的第二个百年目标，也就是在 2049 年新中国成立 100 周年时建成社会主义现代化强国的目标就可以实现。

2020 年是中国完成第一个百年目标、迈向第二个百年目标的年份，中国面临了来自新冠肺炎疫情和中美摩擦的考验。展望未来，在中美国际经济地位变化的百年未有之大变局中，中国还会不时面临各种来自自然因素、地缘政治因素的挑战，但是，只要分析清楚问题产生的根源、演变的方向，保持定力，继续深化改革，继续扩大开放，挖掘潜力，保持稳定的增长，中国的发展就不仅有利于中国，而且有利于世界，中华民族伟大复兴的目标也就必然能实现。

经济结构转型与"十四五"期间各地的高质量发展

作为第三代发展经济学的新结构经济学,强调"知成一体",我们应该尝试从新结构经济学的角度,阐述如何在"十四五"规划期间实现各地的高质量发展。

"十四五"规划对我国来讲是一个很重要的规划,因为这是我国进入新时代以后制定的第一个五年规划,也是全面建成小康社会之后,为到 2050 年把中国建设成一个社会主义现代化强国,实现两步走战略的第一个规划,要为这个战略目标的实现打下牢固的基础。

在"十四五"规划期间,我国将会跨过人均 GDP 12 700 美元的门槛,从一个中等收入国家变成一个高收入国家。这在人类历史上将是一个里程碑。目前在高收入国家的人口仅占全世界总人口的 15%,中国变成高收入国家以后,全世界生活在高收入国家的人口将会从 15% 增加到 34%。

我国是一个有 14 亿人口的大国,国内地区的发展差距相当大。有 14 个人均 GDP 已经超过 2 万美元的城市,包括北京、上海、天津、广州、

第八章
"十四五"当迈向更高处

深圳、厦门、珠海、南京、武汉、宁波、无锡、常州、鄂尔多斯，总人口达1.5亿，同时也有甘肃、山西、云南等人均GDP还在7 000美元以下的地区，还有6亿人口每个月收入也就1 000元人民币左右。在这样一个差距相当大的大经济体里面，我们怎样实现高质量发展？

"十四五"期间，也将是2016年20国集团在杭州峰会提出的新工业革命由方兴未艾到快速发展的一段时期。在这样的时代背景下，各个地方怎样根据各自经济的实际状况和国内国外形势的变化，来制定一个高质量发展的规划，是大家关心的课题，也是奉行"知成一体"的新结构经济学要思考的课题。

按照比较优势发展各地经济

从新结构经济学的视角，不管在哪个发展阶段，经济发展表现出来的都是收入水平的提高。要不断提高收入水平，有赖于现有的产业技术不断创新，新的附加值更高的产业不断涌现，由这样来提高劳动生产率水平。同时，也要根据新产业新技术的需要，不断完善硬的基础设施，像电力、电信、道路、港口，以及软的制度安排，像金融环境、营商环境、法制环境等，来降低交易费用，让技术和产业的生产力可以得到充分发挥。上述是经济发展的一般机制。

但是怎么样利用这个机制来推动各地可持续的高质量发展？有一个基本的原则，就是各个地方在技术创新、产业升级时，必须充分利用各个地方的要素禀赋决定的比较优势，并把比较优势变成竞争优势。

为什么必须充分利用各地的比较优势？因为只有发展的产业符合当地的比较优势，生产成本才会最低，这是构成竞争优势的物质基础。但是在市场上的竞争不是生产成本的竞争，而是总成本的竞争，除了生产成本，还包含取决于硬的基础设施和软的制度安排的交易成本。

怎么样让企业家按照各个地方的要素禀赋决定的比较优势来选择产业、选择技术，以及怎么样把各个地方的比较优势变成竞争优势？前者需要有一个制度安排，就是各种要素的相对价格，必须反映这些要素在这个地方的相对稀缺性。如果资本相对短缺，劳动力相对丰富，那么就应该资本相对昂贵，劳动力相对便宜。如果资本相对丰富，劳动力和自然资源相对短缺，那资本就要相对便宜。如果有这样一个要素价格体系，企业家为了自己利润的最大化，就会多利用那些丰富的、廉价的要素，少用那些稀缺的、昂贵的要素，企业家选择的技术，就会符合当地要素禀赋决定的有比较优势的技术，进入的产业就会是符合当地要素禀赋决定的有比较优势的产业。怎么样才能形成能够充分反映各个地方要素相对稀缺性的价格体系？这就要求产品和要素市场是充分竞争的"有效的市场"，这是按照比较优势来发展经济的制度基础。

不过竞争的市场固然能够引导企业家按照要素禀赋结构决定的比较优势来选择产业和技术，但这影响到的只是在生产过程中的要素成本。要变成竞争优势，还需要有和所要发展的产业相适应的硬的基础设施和软的制度环境。对于基础设施和制度环境的完善，企业家自己是无能为力的，需要政府帮助协调或由政府来提供。所以，要按各地的比较优势来发展产业，除了有效市场，还需要有为的政府来根据各个地方具有比较优势的产业，提供合适的硬的基础设施以及软的制度安排，帮助企业家把当地的比较优势变成国内外市场的竞争优势。所以经济要快速发展，一方面必须有一个有效的市场，另一方面也必须要有有为的政府，两只手都要硬。

第八章
"十四五"当迈向更高处

"因势利导"和"反弹琵琶"

各个地方在"十四五"期间,怎么按照利用当地比较优势的基本原则制定规划来推动产业转型升级,具体如何操作?新结构经济学把各个地方的产业,不管在哪个发展阶段,根据三个维度来划分。第一,现有的产业跟全国乃至全世界的技术差距有多大?到底是已经在全国、全世界的技术前沿,还是和前沿存在一定的差距?第二,这个产业到底是符合当地的比较优势,还是违背比较优势?是否过去有比较优势,现在已丧失比较优势?第三,这个产业的产品和技术的研发周期,到底是短周期——半年、一年、18个月,还是长周期——10年、20年甚至30年?如前所述,新结构经济学根据这三个维度,把各个地方的产业分成五种不同类型:追赶型、领先型、转进型、弯道超车型、国防安全和战略型。

对于这五类产业,各个地方的政府如何在市场中发挥"有为政府"的作用来促进其发展?新结构经济学提出了两种不同的方法:一是"因势利导",二是"反弹琵琶"。

因势利导主要针对的是具有比较优势的产业,包括追赶型、领先型和弯道超车型。如果是追赶型,当地的产业是在低水平的产品和质量上有比较优势,但是跟发达国家比,技术还相对落后。怎样来缩小技术差距?一是要培养这方面的人才,二是要引进国外先进的技术,在引进技术的时候,有的是买更好、更新的设备,有的是购买专利,有的是到国外去设立研发中心,雇用当地高水平的人才,或在国内设立研发中心来掌握这个技术。各个地方政府要分析现有的产业状况,了解企业的需要,帮助当地企业克服在技术追赶上可能遇到的困难,帮助企业更快地提高技术和产品质量水平。

领先型的产业必须不断研发新产品、新技术以在国内、国际市场维持领先地位。在基础科研和新产品、新技术的开发中，企业对开发有很大的积极性，因为新产品、新技术开发出来以后，可以获得专利，可以获得国内国际市场上的垄断利润，成功以后回报非常高。但是在新产品、新技术的开发上面要取得成功，必须有基础科研的突破。否则新产品、新技术的开发就会成为无源之水。中央和地方政府要合力通过设立国家实验室，省、地级的实验室，建立产学研合作，支持领先型产业新技术、新产品开发所需的基础科研，帮助企业突破基础科研上面的瓶颈。

转进型产业过去有比较优势，对地方经济发展的贡献很大，但是一般是劳动密集型产业，现在已经逐渐失掉比较优势了。各个地方的"一县一品""一市一品"大多是这样的产业。这类产业有一部分可以通过"机器换人"来提高生产力水平，但由于附加价值的瓶颈限制，这方面的空间有一定的限度，有些有能力的企业可以通过品牌建设，产品设计、市场销售渠道进入附加价值比较高的生产活动。其中的生产加工部分如果"机器换人"成本还太高，则需要转移到工资水平比较低的中西部省份或是海外工资水平比较低的地方，去创造第二春。对进入微笑曲线两端所需要的人才，如设计人才，地方政府可以设立职业培训学校帮这些企业培养，如果转型为面向全国全世界市场渠道中心，地方政府可以为其提供必要的基础设施和商业环境。对于转移到其他地方去创造第二春的企业，当地政府可以组织企业抱团和承接地的政府对接，在承接地筑巢引凤，让转移过去的企业能够很快焕发出新的青春。

对于弯道超车型产业，新工业革命的智能制造、智能联通的软件和硬件产业以人力资本为最主要的投入。怎样把有天分的人集中起来发展这种新的产业？如果当地已经有很好的大学，会有很多人才；如果大学较少，比如像深圳，可以创造有利的环境把企业和人才招引进来。中国有些省份有很多成功的经验，像设立梦想小镇，能够把有创新能力的人才集中在那个地方进行头脑风暴，开发新产品、新概念、新技术、新业态。新一代产品开发出来要大规模生产，或开发出新的生产、营业模式的时候，也需要资本投入，这就需要风险资本的投入，地方政府可以设立引导基金，支持创新型企业和吸引风险资本来投资。

对于关系到国防和经济安全的战略型产业，因为违反比较优势，在市场中没有办法实现盈利要求，总的来说需要有中央政府的财政补贴。20世纪六七十年代，很多三线建设就属于这种方式。由于中美关系从合作伙伴变成竞争对手，国防安全和经济安全对我国的进一步发展至关重要，在"十四五"期间，战略型产业会有长足的发展。这些项目总要落地，各个地方可以配合中央的政策，让这个产业落地生根，并为"反弹琵琶"创造条件。

通常战略型产业的人力资本和物质资本非常密集，超过一个地方的要素禀赋决定的比较优势，地方政府很难以自己的力量来支持这种产业的进一步升级和发展，不过地方政府可以利用这种产业带来的技术力量和相关产业链"反弹琵琶"，结合当地的劳动力或自然资源的禀赋条件，发展符合当地比较优势的产业。在改革开放以后，这样的成功例子不少，例如四川绵阳是三线建设的重要城市，能够生产资本、技术非常密集的飞机发动机、雷达等国防军工最前沿的产品。改革开放以后，绵阳的长虹电气就是利用原来生产雷达的工程技术力量，结合当地劳动力，生产资本和技术较雷达低的家用彩色电视机，在20世纪八九十年代成为国内最有名的彩电品牌。重庆也是一个重工业基地，能够生产坦克，20世纪 90 年代利用其技术和产业配套的优势发展成为全国最大、最有竞争力的摩托车生产基地。在"十四五"期间，各个地方除了按照当地的要素禀赋决定的比较优势来"因势利导"产业升级之外，如果有战略型产业也可以"反弹琵琶"，下一个资本和技术台阶，根据当地的要素禀赋，进行军民结合，发展符合比较优势，有大的国内国际市场需求的新的民用产业。

在"十四五"期间贯彻落实新发展理念

"十四五"期间，新工业革命的相关产业在我国将会大有发展，这些产业有相当多属于以人力资本投入为主，产品技术研发周期短的弯道超车型智能技术产业，有条件的地方要抓住这个机遇。同时非常重要的是，要用这种新的智能技术来改造传统产业，提高生产效率，以及使用新的智能技术改革市场营销方式，创造新的业态，让传统产业能在新工业革命时代焕发新春。在"十四五"期间，各个地方应该鼓励支持当地企业努力从这个方向去探索。

在"十四五"期间，我国将会迈过门槛成为高收入国家。随着收入水平的提高，人民会更关注生活的质量，对环境、绿色发展会有更高的要求，各地在"十四五"期间也要坚持绿色发展。在"十二五""十三五"期间，有不少地方的绿色技术和产业已经发展得不错，太阳能、风能在国内已经成为领先型产业，随着全球对气候变暖问题的关心，这方面的需求会越来越大。在"十四五"期间，有太阳能产业的地方需要支持企业继续保持领先，全国各地也要用绿色技术来改造传统产业，减少污染和排放，改善环境，满足人们对美好生活的需求。

第八章
"十四五"当迈向更高处

在中低收入阶段的时候,许多具有比较优势的产业属于劳动密集型,规模经济较小,出现许多"一乡一品""一县一品""一市一品",在该乡、县、市里把产业相关的供应链全部集中在一起,形成了非常有效率、有竞争力的产业集群。进入"十四五"的高收入阶段,有比较优势的产业变成资本密集型,规模经济大了,很难把一个产业所需的各种部件、设备的生产都集中在一个乡、一个县甚至一个省。针对上述新情况,中央提出了长江经济带、京津冀协同发展、粤港澳大湾区、成渝地区双城经济圈等区域发展战略。在跨地区的产业集群发展中,各个地方要根据当地的禀赋条件发展产业集群中具有比较优势的产业,并协调区域里其他城市的产业发展,形成一个在全国乃至全球具有竞争优势的产业集群。所以在实施"十四五"规划期间,要特别重视区域内各个地区发展的协调。

如果能按照上述原则制定"十四五"期间的产业转型升级规划,习近平提出的"创新、协调、绿色、开放、共享"的高质量发展就能落实。创新要求各地在经济发展过程中技术和产业不断升级,如果属于追赶型产业,可以引进消化吸收,如果是已经在世界前沿的领先型产业或是和发达国家在同一条起跑线的弯道超车型产业以及战略型产业,创新就必须靠自主研发。在发展过程中要有跨地区的协调,也需要和环境以及社会发展协调,为满足人民对美好生活的期望,必须坚持绿色发展。同时,如果各个地方按照比较优势发展,除了战略型产业,可以充分利用国内国外两个市场、两种资源的开放发展。最后,如果按照比较优势发展,发展会是可持续的,并且能够创造最多的就业机会,最快提高劳动生产力水平、提高工资,让所有人分享发展的果实。

"十四五"期间利用好各个地方的比较优势,发挥"有效的市场"

和"有为的政府"的作用,把比较优势变成竞争优势,实现高质量的发展,我们将见证、参与以及贡献于把中国从一个贫穷落后的发展中国家发展成一个高收入国家目标的实现,这将会是我国发展史上以及人类近代史上一个重要的里程碑。

保持发展定力，
实现逆势增长[1]

发挥制度优势，实现稳步增长

"十四五"时期是我国全面建成小康社会、实现第一个百年奋斗目标之后，乘势而上开启全面建设社会主义现代化国家新征程、向第二个百年奋斗目标进军的第一个五年，我国将进入新发展阶段，也将面临新机遇、新挑战。

从国内来讲，我国社会主要矛盾已经转化为人民日益增长的美好生活需要和不平衡不充分的发展之间的矛盾。在"十四五"规划这五年里，我国人民的收入水平应该会进一步提高，人民对美好生活的期盼会有新的体现。同时，正如习近平所强调的，我们的创新能力还不适应高质量

---

[1] 本文根据 2020 年 7 月 28 日人民网财经，2020 年 9 月 16 日、17 日《大公报》，以及 2020 年 9 月 17 日《中国纪检监察报》对作者进行的专访整理。

发展要求，农业基础还不稳固，城乡区域发展和收入分配差距较大，生态环保任重道远，民生保障存在短板，社会治理还有弱项。只有进一步加强这些方面的建设，才能为建设社会主义现代化强国打好基础。

从国际环境来看，当今世界正经历百年未有之大变局。新冠肺炎疫情的发生也加速催化了这个不确定性。中国现在已经成为世界第二大经济体，如果按照购买力平价计算，已经是第一大经济体。在 2000 年之前，七国集团的经济总量超过全世界的三分之二，现在中国等新兴经济体的分量则越来越重。2008 年国际金融危机后，中国率先恢复快速增长，每年为世界经济增长贡献 30% 左右。并且，从 1978 年到 2019 年，我国取得了平均每年 9.4% 的高增长。我国现在的人均 GDP 刚超过 1 万美元，和美国的 6.2 万美元，欧洲、日本、韩国等发达国家的 4 万多美元比，还有不小的差距，代表我国的产业和技术的总体水平还处于追赶阶段，在技术创新和产业升级上仍有"后来者优势"。

要实现高质量发展，一方面必须知道我们有多大的发展潜力；另一方面，在这样的发展潜力下，针对国内国际形势的变化，按照新的理念来实现高质量发展。

从中国目前的发展阶段来看，拥有"后来者"和"弯道超车"双优势，到 2030 年之前，中国仍有年均 8% 左右的增长潜力。增长潜力是从供给侧角度来说，能够发挥出多少决定于需求侧，在外部需求很可能长期处于疲软的情况下，我国需要把握好国内需求。中国是一个有 14 亿人口的大市场，可用的政策手段也很多。我们只要继续坚持深化改革、扩大开放，按照新发展理念，以国内循环为主，同时推动国际国内双循环相互促进，依靠科技、人才两个关键要素，发挥好我们的制度优势，在"十四五"规划期间实现稳步增长是没有问题的。

第八章
"十四五"当迈向更高处

不确定性环境中的确定性选择

2020年上半年中国经济"成绩单"很不错。可以说，比原来的预期要好。这里有个特殊的前提，就是新冠疫情对全球经济都造成了很大的冲击，大部分国家经济都在下行。我国第一季度GDP同比下降6.8%。到第二季度，我们很快取得了3.2%的增长，可以讲，这是全球独此一家。在我看来，我们取得这样的成绩确实得来不易。

同时，我们也要看到外部环境的不确定性依然存在。疫情在全球范围内的持续暴发以及反复，都会给经济增长带来负面影响。除此之外，美国等国家的贸易政策以及对中国相关产业的恶意打压，也会给经济发展带来不确定性。对我们来说，"兵来将挡，水来土掩"，只要继续做好疫情防控工作，把我们有利于经济增长的条件挖掘出来，保持定力，像习近平强调的，集中力量办好自己的事，我相信我们还是可以成为全球经济增长的最主要动力来源。

面对不确定性，中国如何用好政策工具箱？

我们中央政府和地方政府加起来的负债所占GDP的比重也不到60%，而发达国家普遍超过100%，其他发展中国家也普遍超过100%，因此，我们积极的财政政策能利用的空间比较充足。从货币政策来看，其他国家开始实行零利率、负利率，而我们的利率还是正的，我们的准备金率也比较高，因此，我们货币政策利用的空间也很充分。同时，我们的宏观政策很有针对性和时效性，减税降费、金融支持等一系列举措也在有效落地。

更重要的是，中国的增长空间依然广阔，特别是技术创新、产业升级的空间很大。在智能制造、5G技术、人工智能等方面，我们和发达国家在同一起跑线上。中国有很大的国内市场,在技术创新上取得突破以后,规模经济就能够显现出来。总体来讲,只要看清楚我们有利的因素,保持我们的定力,继续坚持改革开放,我相信,不管外部环境如何风雨飘摇,中国还是能够乘风破浪地前进。

"六稳""六保"的关键是保就业、稳增长

2018年7月,中央经济工作会议首次提出"六稳"方针。2020年4月,中央又提出"六保"的新任务。"六稳"指的是稳就业、稳金融、稳外贸、稳外资、稳投资、稳预期,涵盖了我国目前经济生活的主要方面。"六保"指的是保居民就业、保基本民生、保市场主体、保粮食能源安全、保产业链供应链稳定、保基层运转。

"六稳""六保"的关键是保就业、稳增长。有就业,社会就能够稳定,家庭收入就能够增加,消费就能够活跃,我们的生产潜力就能够发挥出来。而就业最大的来源是什么?还是经济增长。经济有增长,有投资,就有就业机会的增加。同时,新的就业机会增加,伴随着产业升级、技术创新和劳动能力水平提升,就会推动劳动者工资水平的提高。

当前,国内还有很多好的投资机会,这些有效的投资可以支撑我们的经济升值,降低我们的交易费用。比如发展"新基建"就会进一步推动整个经济的效率提升。就像有4G才能更好地实现移动通信和网上支付,我相信随着5G时代的到来,智能互联一定会开创出更多有高附加值的新业态,从而创造很多就业机会。

经济改革和发展的成功,一定需要有效市场、有为政府"两只手"一起用。而这也正是中国经济发展的优势。我们有一个有为的政府,在

经济发展过程当中，也越来越重视市场的作用，这次新冠肺炎疫情防控过程就充分体现出来。疫情防控对我国来说是一次"闭卷考试"，我们在这个答题过程中很快了解到问题的本质，采取了积极有效的措施。

改革红利与人口红利会永远存在

改革红利和人口红利已经没有了，这是学界和媒体上流行的说法，但我不同意这种说法。什么叫改革的红利呢？一个问题解决了，新的问题就会出现，所以习近平说，改革只有进行时，没有完成时。确实我们现在在体制上、机制上还有不少问题要改，改好了以后，生产力会解放，效率会提高，但是新的问题又会出现，改了那些问题不就有新的改革红利了吗？

2016年的G20杭州峰会提出深化结构性改革议程，每个国家都要做结构性改革，中国要做结构性改革，美国、欧洲也要进行结构性改革。如果能改革，就能够释放生产力。发达国家也有不少结构性问题要改革，我国还是一个发展中国家，可以改革的地方自然更多。

20世纪80年代，我国刚从计划经济转型，确实有很多扭曲，并不是每个领域都具备改革条件，如果全部都要改的话，就会像苏联和东欧一样，经济就要崩溃。在那种状况之下，要看哪些新东西改了以后，会释放我们的生产力，会稳定我们的经济，会促进我们的增长，所以，我国采取了渐进式改革。

现有的问题改了，一定还会有新的问题出现。所以，改革的机会、改革的红利永远都在。只要我们不骄傲自满，有决心和勇气，随着发展水平的提高，不断去发现新问题、面对新问题，不断地深化改革，改革红利就会永远存在。

我也不同意人口红利消失的说法。这种说法认为，我国过去发展这么快，是因为有人口红利，其理由有二：一是把劳动力从生产力水平低的农村转移到生产力水平高的城市制造业；二是原来计划生育使出生率减少，提高了劳动人口在总人口中的比重。

但我觉得这只说到中国经济增长快的一些次要原因，印度和非洲的农村人口比中国多，年轻人口的比重也比中国高，照上述理论，印度和非洲应该比中国发展快，但是事实却不是这样。

首先，我认为人口红利理论的重点在于，把劳动力从低生产力水平的行业转移到高生产力水平的行业，比如把农村劳动力人口转移到城市制造业，但是这种红利不仅在农村劳动力变为城市制造业劳动力的过程中会产生，把劳动力从低附加值的制造业产业转移到附加值更高的产业的过程中也同样会有。制造业里有很多阶梯，只要不断地进行产业升级，把在低附加值就业的劳动力重新配置到劳动生产力水平高的制造行业，这方面的人口红利就会一直存在。

其次，因为计划生育导致人口老龄化，劳动人口在总人口中的比重减少，这是事实。但是劳动力对生产的贡献，一方面是数量，一方面是质量。如果纯粹从数量来讲，我们可以把退休年龄往后延一点。国内一般男性60岁退休，女性55岁退休，而外国普遍情况是65岁才退休。退休年龄往后延一些，劳动力不就增加了吗？更重要的是劳动力的质量，劳动力质量的提升可以靠教育的改善，我国的教育这些年提高很多。教育可以提高劳动力的质量，补偿劳动力数量的下滑。

所以，人口红利理论没有分析清楚过去中国经济快速增长的原因，现在人口红利减少，经济增长缺乏动力的说法也没有分析清楚人口和劳动力在经济增长中的作用。

发展以内循环为主体，但不能搞孤立经济

由于新冠肺炎疫情导致外国经济发展减慢，国际市场会减小，美国又对我国经济进行封锁打压，国内市场的重要性会提高。政府部门提出了新基建项目，包括5G、云计算、人工智能等来增加国内需求。此外，也可以投资常规的基础设施，通过建设高铁、城市间轨道交通网，构建起更多更有效率的城市群等。在中国这样的大的经济体里，国内有巨大的增长空间和回旋余地，这些项目也确实要实现高质量发展，适应中国升级发展新需要。所以党中央基于国内外形势，提出加快形成以国内大循环为主体、国内国际双循环相互促进的新发展格局。

中央的这个提法和我们过去一直主张的国内国际两个市场、两种资源并没有矛盾，因为作为大国，我国历来就是以国内市场为重。大国跟小国比较起来，国内市场的规模一直都比较大。比如新加坡，出口和进口两项加起来，占GDP的比重超过100%，但中国作为世界第一大贸易国，2019年出口占GDP的比重只有17%，进口只有GDP的14%，两项加起来只有31%。

对我国来说，国内市场一向重要。一般来说，出口占GDP的20%左右，80%的生产是在满足国内的需求，如果因为新冠肺炎疫情，现在出口在GDP中的比重下降为15%，而85%由国内消费，国内市场的比重确实会增加，但基本格局还是一样的。

激励企业实现绿色工业化[1]

联合国在 2015 年通过了《2030 年可持续发展议程》，总共有 17 个目标，比如消除贫困、消除饥饿、确保健康的生活方式等，所有国家都要共同实现。我个人的理解是，如果想达到这 17 个目标，最重要的一点是给人民提供更好的工作机会，实现绿色发展。要达到这一目标的关键在于，需要有私营企业，它们应该有自己的社会价值以便驱动这一变革。

我们知道，如果要消除贫困及饥饿，让人们有更健康的生活方式，需要给人们有足够收入的工作，这样他们就不会贫困，也能自食其力，维持健康。

我担任世界银行首席经济学家时，到访过许多非洲国家，看到这些地区的人们非常贫困，但是他们不是没有工作。他们之所以贫困，是因

---

[1] 本文原载于 2020 年 6 月 22 日《北京日报》。

为从事传统的农业，生产力和收入水平非常低。

在两三百年前，世界上的所有国家从今天的角度来看都非常贫穷，因为它们都主要以农业生产为生。18世纪以后，有几个国家比较幸运，摆脱了贫穷，实现了繁荣，这是因为它们从传统农业转型到附加值更高的工业化生产中，它们沿着工业化的阶梯，从劳动密集的产业不断升级到资本密集型产业，提高了生产力和收入水平，消除了贫困、饥饿，实现了健康。

但我们知道，如果要实现工业化，能源密度和碳排放会大幅度增加，导致全球变暖，影响到第13个可持续发展目标（采取紧急行动应对气候变化及其影响）的实现。如果要实现工业化，提供收入水平高的就业，同时应对气候变暖，就必须要有一种新型的、绿色的工业化。

要实现绿色工业化，前提是要有技术创新。技术不是从天上掉下来的馅饼，必须要依靠企业来进行绿色创新，推动绿色工业化，才能确保所有国家到2030年时都可以实现联合国《2030年可持续发展议程》的发展目标。

为了实现绿色工业化，首先必须提高人们的意识，让企业树立绿色发展观，认识到没有绿色工业化，就没有办法在穷国提供好的就业机会，确保那里的社会政治稳定，就没有生意可做。如果不能实现绿色发展，也许我们这一代有机会继续从事商业活动，但到下一代人时气候变暖，环境恶化，人类的生存将会受到威胁。

与此同时，只提高意识是不够的，还要提供足够的激励机制，确保企业有动力去促进绿色技术发展。如果企业污染环境，消费者应该拒绝购买他们的产品。

政府也应该确保有一个正确的激励机制。如果一家企业使用老的生产技术，不断污染环境，应该对其征收污染税。如果有一些企业使用新的绿色技术，推动绿色发展，应该给予奖励。

实现绿色工业化，为每一个人创造好的工作机会是消除贫困、饥饿，确保健康和实现可持续发展的关键，这不仅对我们这一代人有利，而且会造福我们的子孙后代。

只有好点子不够，必须要把这些好点子变成行动。要让企业了解到这不仅仅是理想，也是切实可行的，不仅仅在技术上可行，在商业上也是可行的，可以赢利。同时，社会也要扮演相关角色，家庭、消费者、政府等都要参与其中，同舟共济，共同努力。

对消费者来说，很多人不能像以往一样，对那些污染企业无动于衷，应该抵制和拒绝它们的产品。政府要运用税收政策，鼓励企业创造社会价值，让污染企业变得无利可图，引导企业做该做的事情。

第九章

全球合作带来共赢

世界经济
新动向[1]

我参加达沃斯论坛不下 10 次，从天气来讲这是最好的一次，没有雪，阳光明媚，气温也不太低。但从气氛来讲，可以说这是最清淡的一次，而且我也从大家的交谈中感觉到，这是充满了焦虑的一次。这是一个新的变化。为什么会出现这样的变化呢？我想有几个方面的原因。

第一个原因是发达国家实际上并没有真正从 2008 年的国际金融危机中完全复苏过来。

从历史数据来看，发达国家，包括美国和欧洲国家，在危机之前长期以来平均每年的经济增长速度是 3%~3.5%。现在看来，美国的复苏是最好的，而美国去年的增长速度，即使在特朗普那么大的减税幅度之下，也只有 2.9%，而且会持续乏力。按照现在的预测，美国明年的经济

---

[1] 本文根据作者 2019 年 1 月 23 日在 2019 腾讯冬季达沃斯论坛"全球化 4.0 与中国包容性增长"主题晚宴上的主旨发言整理。

增长可能降到 2.5%，后年降到 2%。欧洲国家从 2008 年以后就在 1.5% 上下增长，日本从 1991 年以后就在 1% 上下增长。

危机已经过去 10 年了，为什么发达国家没有复苏？因为发达国家没有进行结构性改革。在过去的 10 年，发达国家普遍用量化宽松的货币政策，把利率降到零或零以下来支撑经济。本来实行这么低的资金成本，是希望资本进入实体经济，提高生产力，创造就业。但是现实并非这样，发达国家把这些廉价的资金拿去做投机，投资到股票市场。

2008 年 6 月我到世界银行去当首席经济学家、高级副行长。当时美国股票市场道琼斯指数为 12 000 点，世界银行、国际货币基金组织以及其他从事经济研究的经济学家普遍认为，美国的股票市场指数太高，泡沫太大。现在，10 年的时间过去了，实体经济没有复苏，但是道琼斯指数高的时候可以达到 26 000 点，现在还剩下 24 000 多点。为什么呢？

就是我前面讲的，那么低的利率政策，只不过鼓励把钱投到股票市场去。实体经济没有恢复，股票市场翻了一倍还多。如果说 2008 年的时候泡沫已经很大了，那现在泡沫是不是更大？

我想这是在市场里面大家普遍的看法，因此一出现风吹草动，市场就会像惊弓之鸟一样，一下子跌几百点，复苏一点，又跌几百点。

我听到很多人讲股市可能要进行比较大的调整，用"调整"这个词，不是危言耸听，用另外的话讲就是可能出现股市崩盘的危机，所以大家在情绪上比较低落。

第二个原因是逆全球化。

达沃斯论坛本来是推动全球化的一个很重要的平台，很多跨国大企业家、政府领导人都在倡导全球化，但是现在全球化受挫了。为什么会这样？当然有它的原因。过去全球化是发达国家推动的，现在，反全球

第九章
全球合作带来共赢

化的推力又是来自发达国家,这是因为发达国家内部有不少问题。

一个问题是,在全球化的进程中,从真实工资来衡量的话,很多工人的工资30年、40年没有增长,而且在这个过程中,本来中产阶级是社会的中坚力量,但在美国及一些欧洲国家,中产阶级的比重在下降,并且收入分配急剧恶化。这些问题和全球化同时发生,不少人就认为发达国家出现这些问题是全球化造成的,把罪魁祸首归结为全球化。

如果进行更深层的分析,相信很多人都不会同意上述观点。发达国家,比如美国工资长期不增长,并不是因为那些工作被中国或其他发展中国家抢走,而是因为中国或其他发展中国家卖到美国去的劳动密集型产品附加价值很低,发达国家早就不生产了。

现在发达国家的工资水平没有上升,不是因为工作机会在全球化的过程中被一些新兴经济体抢走了,而是因为它们的工人工资水平高,发达国家的企业就用自动化替代工人,这是主要原因。

而且在这种情况下,全球化对一般家庭是有好处的。因为工人的工资没有增长,但是他买的消费品的价格是下降的,真实生活水平应该是提高的。

中产阶级比重下降跟收入分配恶化,这两个问题相关,其原因主要是什么?是20世纪70年代的金融自由化导致很多财富利润集中到华尔街,以及80年代以后高科技发展,创造了很多科技神话,让一些人转眼之间变成亿万富翁。

一般人不在金融机构和高科技产业就业,在这种情况下,他们的工资没增长,但是华尔街的金融家及高科技产业的精英的财富急剧增加,就造成了我们现在看到的发达国家中产阶级比重下降、收入分配急剧恶化这些让人不满的问题。

可是一般人不是经济学家,他只看到中国和其他发展中国家的发展,也感受到了财富分配不均、工资不增长的压力,有一些政客就煽风点火,利用这种不满情绪,造成了民粹主义、保护主义的反全球化逆流。它的结果大家也清楚,英国脱欧、美国特朗普新政、法国的黄马甲抗议、中美之间出现贸易摩擦。中国有句话:春江水暖鸭先知。达沃斯是一个推动全球化的论坛,感受到这种全球化逆流的压力也就特别大。

第三个原因我觉得跟中国有关,因为从 2008 年国际金融危机以后,每年全世界的经济增长 30% 来自中国,中国是 2008 年以后全球经济稳定和发展最重要的动力来源。而中国在 2018 年出现了经济增长下行的压力。这个下行从 2010 年就开始了,2010 年以后的中国经济增长是一个台阶一个台阶地下。2016 年的时候经济增长率降到 6.6%,2017 年回升到 6.8%。2018 年上半年的时候维持 6.8% 的增长,但第三季度只有 6.6%,第四季度只有 6.4%。

面对这种下行的压力,有些学者就利用一些局部数据进行分析,认为中国的经济增长率掉到 4% 以下了。这种观点在媒体广泛传播,影响到人们的信心。

根据国家统计局的数据,2018 年的增长率是 6.6%,确实比 2017 年的 6.8% 有所下降。对这个 6.6% 的增长,我个人还是接受的,因为可以从其他指标来佐证。比如说,外贸增长 14.2%,电力还在增长,交通运输也还在增长,固然第四季度下滑的压力比较大,但全年 6.6% 的增长是可信的。

大家对国际经济、对发达国家经济没信心,如果中国这一经济增长的火车头也减速,就更增加大家这种悲观的情绪。

王岐山指出,中国的选择是坚定不移把自己的事做好。做好自己的

第九章
全球合作带来共赢

事情,是实现中华民族伟大复兴的必要之举,也是对世界做的最大贡献。

要做好自己的事情,就必须了解为什么2010年以后经济增长速度会下降,以及为什么2018年下半年经济下滑的压力突然增加。

对这个问题,学者有很多分析。有一派观点认为,是因为中国体制的问题,比如国企的比重太高了,国企没有效率;一派观点认为,人口老龄化,人口数量达到顶点,现在开始往下走了。

这些问题都有,但我不认为这是2010年以后经济增长下滑的主要原因,因为那些都是老问题、长期的问题。人口老龄化也是一个慢变量的问题,它不可能在短期内有那么大的影响。

对2010年以后经济增长速度下降的原因,我做过不少分析,也在多个场合提到,主要是外部性和周期性的问题,在这里不赘述。那2018年下半年,中国经济增长为何加速下滑?我认为一个很主要的原因就是我们主动进行了供给侧结构性改革。

2008年国际金融危机以后,每个国家都在讲结构性改革,但真正推行的国家很少,中国是提出并推行结构性改革的国家之一。中国的结构性改革有什么内容?去产能、去库存、去杠杆、降成本、补短板。过去这段时间,做得比较多的其实是前面三项:去产能、去库存、去杠杆。而这些都是压缩性的,都是把经济增长往下压的。而且在这个过程中,民营企业会感受到最大的压力。

去产能的产业主要是属于上游部门的钢筋、水泥、平板玻璃、煤炭等,去产能之后,一个好的结果就是供给量减少,价格上升,所以上游部门的盈利状况在2018年是增加的。上游部门国有企业占多数,所以2018年国有企业的盈利状况很好。但是,它的结果就是让下游部门承受更大的成本压力,而下游部门全部都是民营企业。

去杠杆则导致信贷资金减少，民营企业本来就规模比较小，在借贷上处于不利的地位。紧缩信贷，第一个感受到的就是民营企业。再加上现在银行以盈利为主，下游的民营企业的经营成本提高了，获利空间小了，那么银行给它的贷款就更少了。

在这种情况下，很多人讨论是不是因为中国政府采取了国进民退的政策，对民营企业的前景感到悲观。其实中国政府没有这个政策。中国政府还是坚持发展国有和民营经济毫不动摇，但是供给侧结构性改革一个意想不到的结果是民营企业承受巨大的压力。

我们还是必须佩服中国政府有这个勇气去推行收缩性的结构性改革，但是，附带的效果就是经济增长放缓，而且民营企业承受巨大的压力。

政策总是要调整的。展望2019年、2020年，我觉得状况会有所改变，也就像王岐山讲的，做好中国的事情，对中国来讲是重要的。做好中国的事情里面，稳增长、稳就业是必要的。

我认为供给侧结构性改革还会继续推行，但会有所调整，因为前面的"三去"基本上已经取得了阶段性成果，需要的是巩固成果，不会继续加强。

至于第四项降成本、第五项补短板，我觉得未来几年中国会在这上面下更大的功夫。

降成本指的是政府的管理成本、税收成本。其实政府已经在2018年年底给中小企业大幅度减税，一年的营业收入在300万元以下的中小企业的所得税率降到了10%，营业收入在100万元以下的企业的所得税率已经降到5%。这是非常显著的降税，会有利于这些民营中小企业的发展。

再者，补短板，中国还是有很多短板可以补的。我们有一些产业是产能过剩的，但是，这些产业是中低端产业，可以升级到中高端产业。

第九章
全球合作带来共赢

基础设施还可以继续完善,尤其城市内部的基础设施还是不足。环境绿色相关发展也要投资。中国还处在城镇化的过程中,这一点是中国作为一个发展中国家跟发达国家最大的不同。

发达国家经济疲软的时候也应该多投资,但发达国家的产业已经在世界最前沿了,当它出现产能过剩的时候,很难找到好的投资机会,不像我们发展中国家,好的投资机会到处都是。发达国家的环境是好的,基础设施也应该都有了,无非比较老旧,而且它的城镇化也已经完成了。

所以在投资这一点上,中国的回旋余地大。有了回旋余地,还必须有钱。中国的情况相对来讲是好的,财政赤字占 GDP 的比重是全世界最低的国家之一,把中央政府、地方政府、地方投资平台等的负债都加在一起,也差不多只占 GDP 的 60%,而且中国的财政赤字跟其他国家有很大的不同。其他国家的财政赤字一般是用来支持消费的,中国的财政赤字一般是用来支持投资的,有净资产,所以,其实中国的净财政赤字比 GDP 的 60% 低多了。

国际货币基金组织 2018 年出了一份报告,指出过去在讲政府的财政赤字时,只看它名义上的负债,但现在要看净负债。如果政府的投资创造了资产,那资产应该把赤字抵扣掉。

所以,我想中国可以用的财政政策的空间还很大,货币政策还有宽松的余地。除此之外,中国的民间储蓄也高。有了投资,就会创造就业,家庭收入会增长,消费也会增加。

我觉得未来几年,要稳增长、稳就业,完全可以利用我们的回旋空间、可用手段。我相信中国在 2019 年达到 6.5% 左右的增长速度是完全有可能的。到底是高于还是低于 6.5%,要看国际,要看国内。但是,我相信不管国际形势怎么样,做好自己的工作,实现这样的增长,而且是高质量的增长，是完全有可能的。

而且，如果能维持这样一个增长目标，那么就像 2008 年以后一样，中国每年对全世界经济增长的贡献应该还是可以达到 30%，中国还是全世界最重要的经济增长来源。

新形势下的全球
经济治理体系[1]

在2018年6月中央召开"外事会议"的时候，习近平做了一个非常重要的论断，说世界处于百年未有之大变局。2020年新冠肺炎疫情在全球暴发，更彰显了世界的变局。我们知道全球治理体系是协调世界各国来处理公共事务、应对全球挑战的体系。我想回顾一下第二次世界大战以后形成的全球治理体系到底有什么成绩，还有什么问题，然后谈谈我个人认为全球治理改革主要的内容是什么，方向是什么。

第二次世界大战以后，世界各国吸取第一次世界大战之后30年又爆发了一次更大的世界大战的教训，形成了以联合国为核心的全球治理体系。在联合国中，各国是平等的，以投票的方式来形成应对全球问题的协议。联合国下面设立布雷顿森林体系及国际货币基金组织来帮助各国维持宏观

---

[1] 本文根据作者2020年9月8日在厦门2020国际投资论坛上的主旨发言整理。

稳定，世界银行帮助各国推动战后重建以及发展中国家的发展，消除贫困。还形成了联合国工业发展组织帮助发展中国家推动工业化，联合国粮农组织帮助各个发展中国家实现农业现代化，世界卫生组织则帮助各国防治疾病，联合国教科文组织帮助各国推动教育的现代化。关贸总协定，也就是世界贸易组织的前身，推动自由贸易跟全球化。第二次世界大战以后形成的这个全球治理体系，一个最大的贡献是维持了世界的和平稳定。当然局部地区的战争冲突是有的，但是回顾起来，从1945年到2020年的75年时间，应该是人类历史上最和平的一段时间，并且在这样的全球治理格局下，亚洲四小龙以及中国大陆从原来全世界最贫困的地方变成全世界经济发展最好的地方。亚洲四小龙在20世纪60年代就变成了新兴工业化经济体，到现在多已成为高收入经济体。中国大陆从1978年底开始改革开放，之后取得了连续41年平均每年GDP增长9.4%的高速发展。可以讲，在人类历史上，还没有任何国家、任何地区以这么高速的增长持续这么长的时间。

从统计数据来看，第二次世界大战以后形成的世界治理格局使绝大多数南亚、拉美、非洲国家一直停留在低收入阶段，或者处于中等收入陷阱。目前，全球有13亿人生活在每天1.9美元的国际贫困标准线之下，而且如果把中国改革开放以后减少的7亿多贫困人口除去，世界贫困人口经过75年不仅没有减少，反而还在增加。根据一些研究，这一次新冠肺炎疫情在全球的大传播，很可能会导致4亿~6亿人重返贫困。由于贫困问题没有解决，许多发展中国家社会不稳定，政治不稳定，因此就出现很多难民跟非法移民。2008年的国际金融危机爆发以后到现在，发达国家一直处于非常疲软的增长状况之下，一般居民收入没有增加，中等阶层的数量在减少。由于收入分配不均的问题，发达国家出现了民粹主义。发展中国家由于发展不好，就出现了反全球化的浪潮。当今世界最大国美国退出了不

第九章
全球合作带来共赢

少国际治理安排，比如联合国国际法院、联合国教科文组织。因此，可以这样说，第二次世界大战以后形成的全球治理出现了不少内讧，大家产生了很多疑惑，为什么有一些国家、地区经济蓬勃发展，而绝大多数国家和地区经济发展乏善可陈？我们要谈全球治理体系的未来发展方向或者改革的重点，应该先了解成功与失败的原因是什么，这样才能对症下药。

第二次世界大战以后，有13个经济体跨越了中等收入陷阱进入富裕国家行列，它们有五个共同的特征。第一个特征是它们都是开放经济，充分利用国内国际两个市场、两种资源来发展。第二个特征是这13个经济体都实现了宏观稳定。第三个特征是都有高投资、高储蓄。第四个特征是它们都是市场经济或者是像中国大陆1978年以后那样转向市场经济。最后一个特征是它们都有一个积极有为的政府。

第二次世界大战以后，发展中国家普遍摆脱了殖民地或者半殖民地的地位，开始把命运掌握在自己的手里。当时，关于它们的发展，主流的理论让它们按照发达国家的方式去做。这一点我在前文详细介绍过。在那样的发展思路之下，即使它们能够把现代化产业建立起来，也非常没有效率，所以经济就停滞，贫困问题没能解决。

而成功的东亚经济体正好相反，在20世纪50—60年代，它们发展劳动密集型的加工业，有出口优势，赚取外汇资本，然后逐渐进行产业升级。80—90年代各国都在转型的时候，当时的主流是私有化、市场化、自由化，可是中国、越南、柬埔寨这些转型比较好的国家却推行双轨制渐进式改革维持稳定。这些成功的经济体都是有效市场、有为政府两只手同时用。

回顾起来，第二次世界大战以后形成的全球治理为什么失败，我认为主要失败在思路上。我在前文多次强调过，任何理论，不管是过去经验的总结还是现在问题的解决，必然是以提出这个理论的国家当时的经济发展水平、社会、经济、政治、文化为条件的，这些理论有适用的前提，单纯拿发达国家的理论到发展中国家来，必然就会出现问题。我们看少数发展中国家或经济体有一个共同特征，就是解放思想、实事求是。先看自己有什么、自己能做好什么，那就在政府和市场两只手的作用下把能做好的做好做强。

其实，第二次世界大战以后形成的国际治理体系的目标是崇高的，是要维持世界和平、稳定跟发展。其体系也是完备的，有联合国，其下有国际货币基金组织、世界银行、世界卫生组织、联合国工业发展组织、联合国农业发展组织、联合国教科文组织等等，还有世界贸易组织，牵涉到整个国际治理的方方面面。我认为体系没问题，问题在于这个体系运行的指导思路目前基本上都是基于发达国家的理论和经验，然后发展中国家自觉不自觉地就以发达国家的理论和思路作为指导思想。但成功实现发展的国家或经济体，正好都违背了当时的主流社会的理论和做法。

现在在新形势下来讨论全球治理，我想最重要的就是发展中国家必须总结自己成功与失败的经验教训，并且站在自己的土地上来面对自己的问题，想出自己的解决办法。如果能够形成这样的思路，目前以联合国为核心的全球治理体系是完备的。在这个反思过程当中，我认为中国义不容辞，因为中国是世界发展最快的国家，中国有责任总结自己的经验，解决自己的问题，并且协同其他发展中国家总结发展中国家成功与失败的原因，携手解决发展中国家的问题，来完成发展。

如果新冠肺炎疫情能让我们有这样的反思，然后在现有的全球治理体系之下继续沿着全球化思路讨论每个国家有什么、能做好什么，在政府跟市场两只手的共同努力下把能做好的做大做强，我相信人类命运共同体所追求的全球共同繁荣必然能够实现。

疫情下的全球经济及中国应对[1]

面对来势汹汹的新冠肺炎疫情，中国政府与世界卫生组织及各国分享信息，并采取了一系列防控和救治举措，全国疫情防控阻击战取得重大战略成果，为国际社会防范疫情提供了弥足珍贵的经验和有力支持。世界卫生组织在2020年3月做出了将新冠肺炎疫情列为大流行的评估决定，但当时很多国家并没有足够重视和采取得力措施，疫情在国际上迅速传播，多国进入暴发期。新冠肺炎疫情对全球经济的冲击，对中国经济的影响和中国的应对，以及全球治理的完善，值得深入探讨。

---

[1] 本文原载于《经济日报》2020年6月4日理论版。

疫情给全球经济带来挑战

一种传染性强的疾病在一国扩散并且还没有疫苗可用之前，最好的应对办法是采取社会隔离和封城、封国的措施。绝大多数发达国家包括意大利、西班牙、美国、英国、德国、澳大利亚、加拿大等，以及绝大多数发展中国家都采取了类似的措施。这些措施不仅影响生活，也会对生产带来很大的负面影响。

自2019年下半年开始，国际货币基金组织、世界银行等国际发展机构已经多次下调世界各国的增长预期。新冠肺炎疫情在全球蔓延和石油价格的闪崩，导致美国纽约股票市场在2020年3月出现4次熔断，道琼斯指数出现断崖式下跌，在美国股市崩盘的带动下，其他发达国家和发展中国家的股市也纷纷下跌。

新冠肺炎疫情带来的隔离或封城措施，对已经在下滑通道的经济而言可谓雪上加霜。一些发达国家已经实行了零利率或负利率，虽然采用非常规的量化宽松甚至无限量量化宽松政策，以及高达GDP的10%甚至20%的财政援助计划，但美国和其他发达国家出现经济衰退已经是必然。按照国际货币基金组织2020年4月份发布的预测，2020年美国经济可能下滑5.9%，比1月的预测下调7.9个百分点，欧元区经济下滑7.5%，比1月的预测下调8.8个百分点，全球经济下滑3.0%，比1月的预测下调6.3个百分点。

没有症状的新冠肺炎感染者大多具有传染性，并且只要疫情在其他国家蔓延，就会产生输入性风险，可能一波未平一波又起。如果世界各国不能通力合作、齐心协力进行防控而使疫情蔓延，甚至像1918年全球大流感那样在许多国家出现更为严重的第二波暴发，那么，发达国家及全球经济陷入像20世纪30年代的经济大萧条并非不可能。

疫情对我国经济的影响及应对

2020年是我国全面建成小康社会的收官之年。为了实现第一个百年目标，2020年的增长率大约需要达到5.6%。到2030年以前，我国的年增长潜力还有8%，在正常情况下这个目标不难达到。然而，新冠肺炎疫情突然暴发，我国采取了有效的封城、居家隔离的防控措施，在比较短的时间内较好地控制住了疫情传播，也不得不付出一些短暂的经济代价。2月很多企业处于停工停产的状态，3月陆续开始复工复产，然而全球跨境投资、货物贸易和人员往来大幅减少，许多出口企业面临订单骤降或被取消的困境。为了防控输入性病例和可能出现的第二波蔓延，防控工作常态化，生产生活仍受到一定影响。国家统计局4月17日发布的数据显示，我国第一季度GDP同比下降6.8%，这是1992年有季度统计数据以来的首次负增长。

考虑到新冠肺炎疫情在世界各地蔓延，世界贸易组织预测疫情可能导致2020年全球商品贸易下滑13%~32%，下跌幅度可能超过2008年至2009年国际金融危机带来的贸易下滑幅度。我国是世界货物贸易第一大国，今年我国的增长将主要依靠国内市场和需求。考虑到为了防控输入性病例和可能出现的第二波蔓延，防控工作需要常态化，第二季度即使全面复工，经济增长也可能只是缓慢复苏，全年增长主要依靠第三、第四季度的反弹。

从我国的宏观政策空间以及政府执行能力来说，要达到全年5%或更高的增长并非不可能，但那样第三、第四季度的同比增长需要达到

15%左右，考虑到全球经济有许多不确定性，需要为未来一两年留下一些政策空间。其实，在全球经济下降3.0%的预期下，我国若能达到3%~4%的增长已经是很了不起的成绩。况且2021年全球疫情得到控制、经济复苏是大概率事件，我国经济恢复到正常6%左右增长的可能性很大。

过去金融危机对经济的冲击主要在需求面，这次新冠肺炎疫情则同时冲击了需求和供给。受到国内需求减少、国外订单骤减的影响，许多企业尤其是中小微企业更为困难，就业面临很大压力。

以往我们应对危机冲击，主要靠货币政策和财政政策来支持投资，稳定经济增长，但是这样造成创造就业机会和消费需求会有延后期。这次除已经提出的"新基建"之外，需要同时支持家庭消费，帮助中小企业渡过难关。对城市的贫困户、中低收入家庭和失业人口发放消费券，在农村提高低保的标准和低收入家庭的救助标准，这样才有利于启动消费需求，保住中小微企业、保住就业，保证脱贫目标在今年实现。同时，在保企业上可以延缓企业贷款本金和利息的偿还、增加企业贷款、减免税收和"五险一金"的缴纳、减免租金等。

相信中国有能力在国际经济的一片肃杀中维持合理的增长速度，在世界经济衰退甚至萧条时，仍可以像2008年以来一样，未来每年仍为世界的经济增长贡献30%左右。

对完善全球治理的思考

现在新冠肺炎疫情已经扩散到200多个国家和地区，波及非洲、亚洲和拉丁美洲的一些贫穷国家，许多城镇几乎没有任何测试设备和呼吸机，政府的财政也捉襟见肘，难以投入大量资金来增加必要的防护。同时，经济下滑也使许多高负债的低收入国家面临债务到期难以偿还的危机。

面对这种人道主义危机，我国可以和其他国家分享防疫的经验，利用强大的口罩、防护服、测试盒、呼吸机等防疫必要物资的生产和供应能力，出口支援其他国家遏制疫情，秉持人类命运共同体理念和国际人道主义精神，尽量助力其他国家，减少疫情对人的健康和生命的危害。同时，倡导和支持二十国集团及国际货币基金组织、世界银行等多边国际机构给发展中国家提供必要的紧急援助和延缓债务偿还等，帮助发展中国家渡过难关。

新冠肺炎疫情在全球的暴发提醒人们，即便在 21 世纪生产力水平高度发达之时，面对致命的传染病，人类生命和经济、社会组织依然十分脆弱。未来，人类社会还会面对许多全球性自然灾害以及全球性金融危机的挑战。在这些灾害和挑战面前，各国必须通力合作，才能避免灾难的产生或是将危害降到最低水平。希望新冠肺炎疫情的教训提供了改善全球治理、共建人类命运共同体以减缓或化解未来可能出现的全球危机的契机。

中国经济与中美关系的过去、现在和未来[1]

2019 年对中国来说是一个很重要的年份,是新中国成立 70 周年,同时也是中美建交 40 周年,我想对新中国成立 70 年,尤其是中美建交以后的发展做一个回顾。了解了过去、现在,才能更好地展望未来。

中国经济 70 年:从贫穷到领先世界

70 年前,毛主席在天安门城楼上宣布中华人民共和国成立,向全世界宣告中国人民从此站起来了。1949 年后,为了实现民族复兴、民富国强的愿望,中国政府和百姓都付出了很多努力。20 世纪 60 年代,中国试爆原子弹;70 年代,人造卫星发射成功。这些科技工业取得的成果

---

[1] 本文根据作者 2019 年在创新工场十周年投资者年会上的主旨发言整理。

第九章
全球合作带来共赢

标志着中国在一穷二白的农业基础上建立了比较完整的工业体系。

但是，在1978年，中美发表建交公报的时候，中国还是非常贫穷的国家。按照世界银行的指标，当年中国的人均GDP只有156美元，当时中国经济的体量是2 119亿美元，在全世界当中排名第9，只有美国GDP的9%。当时中国对外贸易非常少，每年只有206亿美元，对美国的贸易只有9.9亿美元。而且当时中国外汇储备非常少，仅有1.67亿美元。

为了改变中国经济落后的面貌，1978年，邓小平开始推动改革开放。这40年间，中国每年经济增长率达到9.4%。人类经济史上不曾有任何国家、任何地区以这么高的速度持续这么长时间的增长。中国对外贸易每年的增长速度达到14.5%。在GDP和贸易高速增长的基础上，2010年中国的经济规模超过日本，变成世界第二大经济体。同年中国的出口超过了德国，变成了世界第一大出口国，而且出口的产品当中，97%是工业制成品，所以中国被称为世界工厂。2013年，中国的贸易总量超过美国，变成第一大贸易国。2018年，我们的人均GDP达到9 750美元，是一个中等偏上收入的国家。中国的经济规模从1978年只有美国的9%增长到现在的65%。并且，中国有7亿多人摆脱了贫困，对过去40年世界减贫的贡献率超过70%。如果把中国改革开放以后这7亿多摆脱贫困的人口刨除，世界贫困人口不仅没有减少，反而还在继续增加。

过去40年中国经济高速发展，中美建交、中美贸易的贡献是非常大的。一个国家的经济增长一般有三驾马车：出口、投资、消费。从1978年到1984年，中美之间的贸易基本平衡，中国从美国进口多，出口少。但是从1985年开始，中国对美出口开始增多，当年获得了6 000万美元的顺差。此后贸易顺差一路上升，2018年，中国的贸易顺差达到了3 200亿美元。美国对中国的贸易逆差从1985年只占美国对外贸易逆差的 0.3% 增加到现在的大约 45%。由于贸易顺差、逆差的变化，中美两国最近关系紧张，出现很多争端，我想大家都看到了。

改革开放 40 年，中国经济为何能奇迹式增长

要了解未来的发展，我想，必须要了解以下几个问题。第一个问题是，为什么改革开放、中美建交以后，中国的经济能够取得这样奇迹式的增长，了解了其中原因才有办法判断未来中国经济可能的发展态势。

改革开放以后，中国经济的快速发展靠的是劳动生产力水平的不断提高。劳动力水平的提高一方面离不开技术创新，技术的创新提升了生产效率和质量。另一方面，附加值更高的新产业不断涌现，资源配置得到优化。这是劳动生产力水平提高的两个机制，适用于任何发展水平的国家。发达国家的生产力水平高，技术处在世界前沿，只能靠自己研发新技术来获得技术创新和产业升级。靠这种方式，19 世纪末以来发达国家取得了平均每年 3%～3.5% 的增长。但是发展中国家跟发达国家的劳动力水平和技术水平有很大差距。一个发展中国家，如果利用与发达国家的产业和技术差距来取得技术创新跟产业升级，成本和风险就会比发达国家自己发明低得多，这样就有可能比发达国家的技术创新跟产业升级更快，这在经济学上被称为后来者优势。利用这个可能性，发展中国家可以比发达国家发展得更快。

1978 年底开始实行改革开放以后，中国经济能够发展这么快，我认为最主要的原因就是中国充分利用了后来者优势。但是，过去 40 年中，每隔几年就有一个声音说中国的经济即将崩溃，但实际上中国是这 40 年中唯一没有出现系统性金融危机的国家。这是为什么？原因跟另外一个

第九章
全球合作带来共赢

问题相关。其实，后来者优势 1978 年以前就存在了，但是那时的中国主动放弃了后来者优势。当时中国实行的发展战略是超英赶美，要马上发展跟发达国家一样的产业跟技术，才能够快速赶超它们。发达国家的技术都有专利保护，并且许多跟国防军工有关，即使想付专利费也买不来，所以中国只能自己发明，这意味着中国放弃了引进技术、引进产业的后发优势。重工业资本密集，当时中国是一穷二白的农业经济社会，在资本很密集的产业上没有比较优势，企业在这种环境下只有依赖国家保护补贴才能够把产业建立起来。这种保护补贴就造成经济的扭曲、资本的错误配置等问题。

1978 年改革开放以后，中国才走上一条新的道路，按照中国的比较优势发展经济。在 20 世纪八九十年代，中国的经济主要是发展一些劳动密集型加工业，如沿海劳动密集型、出口导向型的加工业。那些劳动密集型产业跟中国的比较优势相同，所以就能够把比较优势变成竞争优势，占领国际国内市场，创造很多的利润，迅速积累资本，产业升级的时候就可以利用后来者优势，取得快速增长。

20 世纪 80—90 年代，所有社会主义国家都在改革，发展中国家也在改革。大部分的国家是按照当时主流的"华盛顿共识"提倡的休克疗法改革，结果是经济的崩溃、停滞、危机不断，跟发达国家的差距越来越大。而中国是稳定快速地发展，不断缩小跟发达国家的差距。这是因为休克疗法忽视了一点，转型前的政府干预扭曲是为了让违反比较优势的产业能够存在的必要制度安排，如果把那些保护补贴都取消，那些原来没有自生能力的企业就会全部垮台，垮台以后造成大量的社会失业、政局不稳定、社会不稳定，这样怎么发展经济？而且，电力、电信是资本密集型产业，是经济运行所必需的，资本密集的国防军工相关产业也有存在的必要。即使企业私有化，也要给它保护补贴，私有企业老板跟政府寻租的积极性更大，因此腐败现象会更普遍，收入分配差距更大。中国这种双轨制渐进式改革是最好的改革方式，因为对那些老的国有企业继续给予补贴以保持稳定，对新的产业允许进入，使其利用后来者优势快速发展，积累资本，慢慢就把原来违反比较优势的产业变成符合比较优势的产业，保护补贴从雪中送炭变成锦上添花。补贴对企业来讲是好的，但可能造成腐败、收入分配差距的问题，因此中国在2013年提出全面深化改革，让市场在资源配置上起决定作用，潜台词就是要把各种保护补贴都取消。但是，由于中国没有把市场有效运行需要的制度安排一次性建立到位，因此，只要经济增长一慢下来，中国经济即将崩溃的说法就在国际上此起彼伏。

中美贸易格局为何发生巨变

第二个必须理解的问题是为什么中美两国的贸易格局发生了变化，中国逐步占据有利地位。

理解格局的变化，首先要知道中美巨大贸易逆差出现的原因。一些媒体分析认为是因为中国违反知识产权相关法律，中国强迫美国或外资企业进行技术转让，或者是中国人为操纵汇率造成的，我认为这些都不正确。真正造成中美贸易逆差巨大的原因是中国跟美国的比较优势不同。美国从19世纪末以后成为全世界最发达的国家，它的工资水平为全世界最高，所以劳动密集型企业就没有比较优势。东亚经济相对落后，收入水平低，所以东亚在劳动密集型产业上有比较优势。20世纪五六十年代，美国所需要的劳动密集型产业生产的生活必需品一般都是从日本进

第九章
全球合作带来共赢

口的，美国对日本就有很大的贸易逆差。到了六七十年代，日本收入水平也上涨了，当时亚洲四小龙刚刚开始发展，工资水平低，相较于日本，在劳动密集型产业上有比较优势，所以日本的劳动密集型产业就转移到亚洲四小龙来，美国的贸易逆差因此从日本转移到亚洲四小龙。

中国实行改革开放以后，美国的贸易逆差以相同的原因转移到中国。美国跟亚洲四小龙和日本的贸易由逆差变成顺差，逆差都集中在中国，这是比较优势变化的结果。美国这种贸易的形态实际上在二战以后就形成了，而且在20世纪80年代的时候，美国对外贸易逆差80%以上来自东亚经济，最高的年份还超过100%。现在美国对中国的贸易逆差由0.3%变成45%，好像增加了很多，但是它对整个东亚的贸易逆差从原来的80%以上，甚至超过100%，降到现在的60%左右。这样看来，美国对外贸易逆差扩大并不是中国造成的。

中美两国之间贸易逆差的产生，是因为两国之间的比较优势不同。美国在资本密集型、技术密集型产业有优势，中国在劳动密集型产业有优势。这是长期以来中美存在贸易不平衡的原因。美国对外贸易逆差增长过快的主要原因是它自己的结构性问题。美国的政府消费跟百姓消费非常多，储蓄非常低。任何一个国家如果消费多、储蓄低，国内生产满足不了国内需要，就要从国外进口，就会有逆差。

绝大多数国家的这种逆差两三年就维持不下去，美国长期维持这种贸易逆差是因为美元是国际储备货币，它可以印钞票买东西。这些年美国的贸易逆差绝对量不断扩大，是因为它的消费越来越多，靠印美元买世界产品来维持，这当中从中国进口的比重比较大，无非是把亚洲那些原来对美国的逆差转移到中国来，但是对整个东亚的逆差其实是在下降的。

在这种情况下，美国政府对中国的产品增加关税也于事无补，反而会加重贸易逆差。2018年，特朗普政府为了缩小贸易逆差，对中国、日本、欧盟、韩国都增收关税。但是2018年美国的逆差跟2017年比总体增加了12.1%，对中国的逆差增加了11.7%。对症下药才能药到病除，美国的问题是没有看到问题的根源，找错了原因，采取的措施不仅不利于中国，不利于世界，也不利于美国。

预测未来十年：中国经济为何仍能每年平均增长6%

在了解这些背景后，我们更重要的是要了解中国未来的发展前景以及中美关系的发展趋势。中国过去依靠后来者优势，经济增长迅速，这种后来者优势到底还有多大？有的人认为，经过了40年，这种优势大概没有了。我对这个看法不太同意。后来者优势不在于已经用了多少年，而在于跟发达国家还有多少技术差距。怎样衡量技术差距呢？最好的衡量指标是看人均GDP，人均GDP代表平均技术水平和平均的产业附加值水平。根据著名经济史学家安格斯·麦迪森统计的数据，2008年，中国的人均GDP按照购买力平价计算是美国的21%，相当于日本在1951年跟美国的差距，也相当于新加坡在1967年、中国台湾在1975年、韩国在1977年跟美国的差距。这些东亚经济体利用跟发达国家的技术差距，都实现了20年平均每年8%~9%的增长，它们是二战以后利用后来者优势取得经济快速增长的13个经济体当中的几个。这代表什么？这代表中国从2008年以后应该有20年8%增长的潜力。

2010年以后中国的经济增长速度节节下滑，2010年是10.6%，2018年是6.5%，2019年第一季度是6.4%，第二季度是6.2%，第三季度是

第九章
全球合作带来共赢

6.0%，一路下滑。增速下滑的原因存在各种争论，有的说是因为中国的双轨制渐进式改革还留有很多扭曲，政府有很多干预，国有企业太多，人口老龄化等造成的。这些问题确实存在，但我认为它们不是中国经济增速放缓主要原因。2010年之后所有金砖国家的经济都在下滑，下滑的幅度比中国大。不仅金砖国家，连东亚的新兴高收入经济体，包括中国台湾、韩国、新加坡同样在2010年以后经济增长速度下滑，下滑的速度都比中国大。这些经济体都没有中国存在的那些问题，所以这种现象只能从一些共同的外部原因才能够解释。2008年国际金融危机从发达国家爆发，到现在发达国家还没有完全复苏。前面谈到发达国家长期的增长速度是3%~3.5%，在发达国家当中美国表现最好，2018年的增长速度也不过2.9%，2019年可能是2.3%。欧洲国家的增长率从2008年以后长期在2%上下波动，日本从1991年以后到现在增长率都在1%上下波动。在这种情况下，发达国家的GDP占全世界的比重还能达到50%。它们的经济增长疲软，需求增长速度就慢，导致整个国际贸易增长速度下滑，现在国际的贸易增长速度比国际经济的增长速度还慢。

所以，发展中国家出口少了，三驾马车少了一驾。应对2008年的金融危机，每个国家采取积极的财政政策，通过基础建设等来启动需求、创造就业，现在这些项目都建成了，可是国际经济还没有复苏，所以民间的投资就减少，除非政府再进行新一轮的积极财政政策。

展望未来，我对发达国家的经济比较悲观。发达国家到现在还没有做它应该做的结构性改革，所以结构性矛盾还存在，因此发达国家可能步日本的后尘，出现长期的增长疲软，展望未来，它的发展速度会是慢的。对于中国，如果对外出口这驾马车快不起来，经济增长就必须靠内需增长，即依靠投资和消费增长。从这个角度来看，中国经济的体量大，旋转的空间大，可用的手段多。

就投资而言，首先，中国还是一个中等发达的国家，可以在中高端产业上进行升级，好的投资机会有很多。其次，投资基础设施，中国这些年做的基础设施大部分是城市之间的，如高速铁路、高速公路，城市内部基础设施还很不足。再次，在环保、城镇化上也要投资。

投资要有钱，中国的政府财政赤字占 GDP 比重不到 60%，民间储蓄达到 45% 左右，为全世界最高，可以用政府的钱撬动民间投资。另外，中国还有 3.1 万亿美元的储备，投资要进口机器设备，中国有钱。这三点又是中国跟其他发展中国家不同的地方。其他发展中国家在全球经济疲软的时候也应该加大投资，也有很多的机会，但是，可能因为政府的财政不好、储蓄和外汇储备不足而无法投资，中国没有这种情况。

展望未来，中国可以维持一个合理的投资增长速度，有投资就会创造就业，有就业，家庭收入就会增加，家庭收入增加以后消费就会增加。所以，中国到 2028 年或者宽松一点到 2030 年，还有每年 8% 的增长潜力，利用国内的有利条件，我判断实现 6% 左右的增长没有问题。

在这段时间里，中国每年对世界经济增长的贡献率会超过 30%，也可以为缓解中美关系打下一个物质基础。随着中国的收入水平提高，当中国变成高收入国家以后，劳动密集型加工业就会从中国转移到越南、柬埔寨甚至非洲国家，像 20 世纪 60 年代劳动密集型产业从日本转移到亚洲四小龙，80 年代从亚洲四小龙转移到中国一样。美国对外贸易逆差也会从中国转移到其他国家，中美贸易之间美国可能会有顺差，中美之间关系紧张的原因之一就消除了，在这种情况下就有可能出现中美关系的新局面。

总之，中美建交这 40 年，也是中国改革开放的 40 年，中国经济发展非常快,这是一个了不起的成绩,这个成绩跟中国推行渐进式的改革,并且充分利用中国的比较优势及后来者优势有关。如果中国继续沿着这条道路走,在未来10年或者更长时间,每年有可能实现6%左右的增长,中国会变成一个高收入国家,并且每年对世界增长的贡献将超过30%。这样的一个发展态势,也会创造很多机会。很多产业要升级需要投资,中国现在有一些产业已经达到世界的前沿,需要创新,而且中国也有人力资本和金融资本来抓住新科技给予的机会,如人工智能、数字经济等会给企业的发展创造一个巨大的空间。

我对中美贸易摩擦的
三点看法[1]

观点一：贸易是互利双赢的

美国跟中国买东西并不是美国给中国的恩惠，是这些东西美国自己不生产，而美国国内有需求，必须从国际上进口。美国可以从中国进口，也可以从其他国家进口。从中国进口是因为价格比较低，产品质量比较好。

当然有些产品美国自己也可以生产，例如成衣、鞋子等生活必需品，但如果他们在国内生产，成本会非常高，老百姓要付出非常高的代价。所以，从中国进口是出于价格的考虑，这一点是贸易的基本原则。

美国每年对中国的贸易逆差那么大，是不是美国吃亏了呢？在谈国际贸易的时候，不能从两国的贸易逆差或顺差来看问题，要从一个国家

---

[1] 本文根据作者 2019 年 5 月 22 日在北京大学国家发展学院"朗润·格政"论坛上的发言整理。

第九章
全球合作带来共赢

跟整个世界的贸易逆差或顺差来看。

有些国家在国际贸易中有顺差，像中国 2018 年的顺差是 2.6%。有些国家有逆差，美国则是逆差非常大的国家。读过经济学的人都知道，一个国家如果有贸易逆差，是因为消费太多、储蓄不足造成的。要解决贸易逆差的问题，必须在国内采取措施来增加储蓄、减少消费。如果不这样做，会适得其反。例如，特朗普过去两年对各个贸易国采取了不少举措，但实际上，根据 2018 年的统计数据，美国对外贸易逆差增加了 12.1%，而没有减少。

对中国也是一样。2018 年美国对中国的贸易逆差增加了 11.7%，同样并没有解决问题，带来的结果只是贸易状况恶化，美国国内居民和使用中国出口产品作为投入品的生产商付出更高的代价。

在这种情况下，如果进口产品要付更高的价格，那么一般家庭剩下可以用的钱就少了，可以用来买国内生产的产品或国内提供的服务的成本就上升了，其实这对美国的就业也是不利的。

刚开始美国从贸易逆差来说事，现在则从贸易不公平、中国强迫技术转移等来说，虽然煞有其事地指摘了很多，可是没有拿出具体的证据。美国固然利用国内法进行了 301 调查，出的报告非常厚，但如果仔细读，会发现其大部分内容都是猜测。所以耶鲁大学的史蒂芬·罗奇（Stephen Roach）教授说，这个报告基本上是在泼脏水，没有证据，根据这样的报告制定政策对美国是不利的。

美国说中国强迫进行技术转移，但美国公司到中国来投资自然是要带着技术来的，其技术是我们强迫转来的吗？实际上不是。因为美国公司如果在中国生产产品，要进入中国市场，不用最好的技术，产品如何能够竞争？

比如汽车产业。中国现在是世界上最大的汽车生产国，也是最大的汽车消费市场。除了美国汽车在中国生产，德国、日本、韩国汽车也在中国生产。如果美国通用、福特不用最好的技术在中国生产，生产出来的汽车会有人买吗？我们知道，通用和福特现在在中国生产的汽车比在美国生产的汽车多，它们的利润主要来自中国。所以用最好的技术来中国生产，是它们自己的需要，并不是中国强迫的。

中国这些年的技术进步非常快，这是事实。中国的经济不断增长、资本不断积累、产业不断升级，当然技术会不断创新，而这些创新其实主要是我们自己通过学习、研发来获得的。

美国也有比较客观的学者，像当过世界银行首席经济学家、美国财政部部长、哈佛大学校长的劳伦斯·萨默斯说，中国这些年的技术进步只能由中国的发展、中国的努力来取得，不可能是强迫来的或偷来的。

那么，在这种情况下，特朗普为什么总用贸易逆差和所谓的"不公平竞争"来指责中国呢？我个人认为是"项庄舞剑，意在沛公"，实际上他是看到中国发展得这么快，想遏制中国的发展，对华为的恶意封锁、打压更是赤裸裸地暴露了美国打压中国技术创新产业升级的意图。

观点二：通过谈判解决贸易争端

我们希望贸易争端能够通过谈判来解决，中美两国能够友好相处，中美贸易有利于两国的发展和人民生活水平的提高。但假如事情不能按照我们的期望发展，贸易谈判不能达成协议，美国对中国的所有出口产品都征收25%的关税，那到底对中国有多大的影响？

当然，贸易是要双赢的，采取阻碍贸易的措施，中国会有损失，美国同样也会有损失。中国的损失到底有多大？现在中国每年出口占 GDP 的比重不到 20%，出口美国占中国出口的比重 2018 年是 19%，对美贸易固然重要，但也只是我们贸易当中的一部分。25% 的关税，到底会有多大的影响？

有人说影响大，有人说影响小。一般的看法是顶多影响 0.5 个百分点的增长，对美国的影响可能更少一点，大约 0.3 个百分点。从绝对量来看，好像中国受的伤害多一点，美国受的伤害少一点。但我们必须考虑到，按国际货币基金组织的预测，2019 年美国的经济增长率可能只有 2.5%，如果增长率下降 0.3 个百分点，它的增长率要损失 12%。对中国来讲，如果按照 6%~6.5% 的增长来算，即使减少 0.5 个百分点，我们还有 6% 的增长，我们增长率的损失只有 8%。

即使如此，中国不仅在全世界拥有很高的增长率，中国还会是全世界经济增长的主要来源国。众所周知，自 2008 年美国雷曼兄弟倒闭，引发了国际金融危机以来，每年中国对世界经济增长的贡献达到 30%。2019 年全世界的增长会有多少？按照世界银行的预测，是 2.9%。按照国际货币基金组织的预测，是 3.5%。这样讲的话，即使有贸易摩擦，中国每年对世界经济的增长也会有 30% 的贡献率，中国还是对全世界经济增长贡献最大的国家。

观点三：绝不会牺牲中国的发展

贸易是双赢，我们有最大的诚意，希望与美国坐下来谈，希望提出一个能让双方都满意的方案。如果美国不愿意呢？我们绝对不会把中国发展作为代价来满足美国单方面的需求。为什么这么讲呢？即使发生最糟的状况，中国还能维持6%的增长，中国还是全世界经济增长最大的动力。

在这种情况下，面对美国的无理要求，我认为最重要的是保持定力，继续坚持我们的既定方针，全面深化改革和扩大开放。按照习近平提出的五大发展理念，以创新、协调、绿色、开放、共享追求高质量发展。这种发展成果不仅在国内的东中西部、城市与农村共享，还跟世界上与中国维持良好贸易关系的国家共享。

出口美国占中国出口的比重不到20%，我们还有其他80%的贸易伙伴。如果对美国出口因为贸易摩擦而减少，我们从美国的进口也会减少，我们可以把中国每年进口2万多亿美元的市场机会，更好地让欧洲、日本、韩国以及其他发展中国家分享。

现在对世界来说最重要的是发展，在大家对全世界的经济发展比较悲观、迷茫的时候，中国的开放给其他国家带来共同发展、共享发展的机会。

其实美国很多企业家也非常清楚，目前全世界每年30%的增长都来自中国，要是美国这些企业退出中国市场，那它们就退出了《财富》世界500强的地图。我相信，美国的企业家、美国人民，也希望分享中国发展的机遇。